영성의 씨앗

• 창조적인 목회자의 5가지 영성 •

Henri J. M. Nouwen

CREATIVE MINISTRY

영성의 씨앗

헨리 나우웬 지음 | 송인설 옮김

그루터기하우스

영성의 씨앗

2011년 4월 30일 초판 8쇄 발행

지은이 헨리 나우웬
옮긴이 송인설
펴낸이 정병석

도서출판 그루터기하우스
서울특별시 강남구 논현동 95-2호
Tel 514-0656 | Fax 546-6162
gruturgi21@hanmail.net
등록 2000년 11월 28일 제16-2289호
ISBN 89-952024-8-3 03230

Creative Ministry
Copyright © 1971 by Henri Nouwen
Published by arrangement with Doubleday,
a division of Random House, Inc.

Korean Edition © 2003 by
Gruturgi House Publishing Co., Seoul, Korea

본서의 한국어판 저작권은 에릭양 에이전시를 통하여
Doubleday와 독점 계약한 그루터기하우스에 있습니다.
저작권법에 의하여 한국 내에서 보호를 받는 저작물이므로
무단전재와 복제를 금합니다.

그 중에 십분의 일이 오히려 남아 있을지라도 이것도 삼키운바 될
것이나 밤나무, 상수리나무가 베임을 당하여도 그 그루터기는 남아
있는 것 같이 거룩한 씨가 이 땅의 그루터기니라(이사야 6:13).

차례

감사의 글

머리말 • 직업을 넘어서   9

교육 • 지식의 전달을 넘어서   21
    폭력적 학습 방식에서 구속적 학습 방식으로

설교 • 이야기의 반복을 넘어서   49
    통찰력과 허용성

목회 상담 • 기술적 반응을 넘어서   77
    능력과 관상

사회 참여 • 조직의 운영을 넘어서   111
    기독교 사회 운동가

축하 • 형식적 예식을 넘어서   141
    삶에 순종하고 삶을 용납하라

맺는 말 • 목회자의 영성   171

에필로그   181

감사의 글

이 책은 노틀담 대학의 여름 학교 학생들의 고무와 격려 없이는 결코 빛을 발하지 못했을 것이다. 그들은 6주 동안 내가 글을 쓰도록 격려해 주었으며 그들로 인해 나는 영성을 논하는 것이 결코 지루하지 않다는 것을 알게 되었다. 또한 이 책은 시카고 교역자들의 정직한 비평 없이는 결코 끝마치지 못했을 것이다. 그들은 나의 글이 정체되지 않도록 끊임없이 나를 독려했다.

모로(Moreau) 공동체의 지체들에게 감사를 전한다. 그들은 내가 글을 쓸 수 있도록 방을 제공해 주었고, 내가 글을 쉽게 쓰지 못할 때도 나에게 그들의 사랑과 우정을 보여 주었다. 나는 특별히 나의 집처럼 편히 느끼게 해 준 루이스와 나를 변함 없이 도와 준 짐, 원고 마감을 지키도록 옆에서 채찍질해 준 밥에게도 감사의 말을 전한다.

나는 또한 강의 자료를 제공해 준 짐과 찰리에게 감사한다. 잭과 돈은 나의 글을 적절하게 수정해 주었다. 원고의 마지막 단계에서 기술적인 도움을 준 베티에게도 감사의 말을 전한다. 또한 헌신적으로 타이핑을 해 준 리사와 케롤라인에게도 고마움을 전하고 싶다. 또한 자신의 글을 쓰기에도 바쁜 와중에 적절한 말이 떠오르지 않은 몇 개의 문장을 고쳐 준 제프에게도 감사하다.

이 책이 준비되기까지 재정적인 지원을 아끼지 않은 노틀담 대학의 신학 프로그램의 스폰서인 프랭크에게도 고마움을 전한다. 나는 이 책을 선생님이자 친구인 시워드에게 바친다.

그분은 나를 신학의 세계로 인도하셨다. 사모님 헬렌과 딸 앤 또한 그들의 우정과 신뢰를 통해 나에게 많은 것을 가르쳐 주었다. 마지막으로 그의 아들 제임스 시워드는 나에게 하나님과 교제하는 열정과 신실함을 보여 주었다.

머리말... 직업을 넘어서

이 책은 주로 목회의 전문성과 영성의 관계를 다루고 있다. 나는 여러 가지 구체적 경험과 사건을 겪으면서 이 문제에 점점 더 흥미를 느끼게 되었다. 이 책에서 다룰 주제를 설명해 주는 이야기 하나가 생각난다.

작년 어느 날 한 목회자가 작은 교역자 모임에 참석했다. 나도 그 자리에 있었다. 그는 호지킨스씨(Hodgkins) 병으로 입원한 스물여섯 살 된 부인을 방문했던 일을 보고했다. 그는 매우 현명한 목회자였다. 그는 이 젊은 부인이 병원을 떠나지 못하고 어쩌면 이듬해에 죽을 것이라는 것을 잘 알고 있었다. 그는 앞으로 어떻게 이 환자에게 도움을 줄 수 있을지 동료들에게 조언을 듣고 싶었다.

젊은 부인은 매우 유쾌하고 활달한 성격이며 유머도 풍부하고 혈기왕성한 사람이었다. 그는 부인과 나눈 대화를 생각나는 대로 적어 두었다. 그는 환자를 방문하는 동안 극도로 긴장해 있었으며 그녀를 병실에 남겨 두고 병원 문을 나설 때 너무도 착잡하고 개운치 않았다고 솔직하게 고백했다.

우리는 그 목회자와 환자가 나눈 대화를 면밀히 검토한 결과, 그가 젊은 부인이 곧 죽으리라는 현실을 회피하려고 애를 많이 썼다는 인상을 받았다. 그들은 간호사, 음식, 통증, 잠, 퇴원 후의 문제 등에 대해 이야기했다. 목회자 자신이 그가 진정한 문제를 피하고 있다는 것을 모르고 있는 게 분명했다. 그러나 그는 자기 보고서를 읽고 또 읽는 동안에 진상을 깨달았다. 그리고 동료들과 토의하면서 그가 죽어 가는 환자를 다루는 목회 방법을 조금만 더 잘 알았더라면 그녀에게 더 많은 도움을 주었으리라는 사실도 알게 되었다.

그때 한 목회자가 갑자기 그에게 이런 질문을 던졌다. "당신은 당신도 죽을 것이라는 사실을 알지 못하고 있는 것 같습니다. 당신이 일 년 안에는 죽지 않겠지만 당신도 결국 죽게 되어 있지 않습니까?" 갑자기 목회 기술에 대한 모든 토론이 그치고 오랫동안 침묵이 흘렀다. 마침내 그 목회자는 이런 대답을 했다. "어쩌면 나는 내가 결국 죽게 되어 있다는 사실을 의식하지 못하고 있는 것 같습니다. 나는 그녀보다 더 죽음에 대해 말하는 것을 두려워하고 있는 것 같습니다. 나는 그녀가 나에게 나 자신의 죽음을 일깨워 주는 것을 원하지 않은 것 같군요."

이 답변은 우리의 '직업적' 토의를 극적으로 바꾸어 놓았다. 이제 우리는 우리 스스로 자신의 죽음을 정면으로 바라보고 이 불가피한 현실을 신앙적으로 다루지 못할 때, 죽어 가는 환자를 진정으로 돌보는 교역자가 될 수 없다는 것을 깨달았다. 그리고 우리는 목회의 문제는 결국 목회자 자신의 영적 생활의 문제라는 것도 깨닫게 되었다.

이 사건으로 인해, 나는 목회자의 삶의 두 측면으로서 영성 지도와 전문적 목회 훈련이 아주 밀접히 연결되어 있기 때문에 목회에서 둘 사이에 분리가 일어나면 결국 둘 다 상처를 입지 않을까 하는 생각을 품게 되었다. 실제로 이 이야기는 이런 생각을 하게 만든 많은 사건 중의 하나에 불과하다.

아마도 수많은 목회자들이 좌절과 고통과 실망을 경험하는 주요한 이유 중 하나는 목회의 직업성과 영성 사이의 분열이 점점 더 커지고 있기 때문일 것이다. 그러나 이런 분열은 지난 십 년 동안 신학 교육의 발전 과정을 살펴보면 이해할 만하다.

무엇보다도 많은 신학교가 목회를 준비하기 원하는 학생들의 삶의 구조를 형성시켜 주는 영성 훈련을 포기했다. 과거에는 신학생에게 경건한 삶을 추구하도록 요구했고, 또 경건 생활을 위한 조건으로서 매일 묵상, 긴 기도문 암송, 정규 예배 등을 의무적으로 부과했다.

교역자는 오직 기도 생활을 통해 거대한 세계의 많은 위험에서 자기를 지킬 수 있다고 했다. 과거의 교역자들처럼 분주한 삶 가운데서도 기도 생활에서 힘을 얻어야 하고, 기도에 충실하지 못하면 결코 성공하지 못할 것이라고 했다. 그러나 시대가 변하고 교역자의 생활이 새롭게 발전하면서, 많은 경건의 시간과 교구의 일상적 삶의 관계가 점점 더 모호해졌다. 기도라는 것이 편안한 내적 생활로 도피하는 수단같이 보이기도 하고, 그리스도인의 양심을 일깨우고 또 창조적으로 참여하도록 도전하는 시급한 과제를 회피하는 구실같이 보이기도 했다.

교역자들은 이렇게 말하기 시작했다. "하나님과 그의 신비를 생각하는 멋있고 유쾌한 명상에 빠지기 위해 눈을 내리감을 것이 아니라, 우리 주변에서 점점 더 많이 일어나고 있는 세상의 필요를 바라보기 위해 눈을 똑바로 뜨자. 우리가 이웃을 섬기는 데 필요한 기술과 솜씨를 훈련하기 위해 시간을 사용할 수 있는데, 어찌하여 단조롭고 열매 없는 묵상과 관상에 시간을 허비해야 하는가?" 기도실과 영성 지도자를 찾는 발길이 뜸해지고, 그 대신 병원, 교도소, 교구, 도시 특수 목회를 위한 목회 훈련이 관심을 끌게 되었다.

그러나 이제 수 년 동안 회중이나 이웃 사람들의 일상 생활의 활동과 염려와 관심에 깊이 빠져 지내던 교역자들은 다시 다른 말을 하기 시작하고 있다. 그들의 사역이 너무 다양하고, 그 형태도 가지각색이고, 접촉하는 인물들도 각계각층이고, 또 손대는 문제도 종잡을 수 없이 복잡하니, 저절로 탄식이 터져 나온다고 했다. 어떻게 이런 여건 아래서 통일된 삶을 영위할 수 있으며, 어떻게 복잡한 상황 속에서 인격을 온전하게 유지할 수 있을 것인가? 그들은 대개 날마다 목회 활동에 전념하다가 결국 공허와 피로와 피곤과 실망을 경험하고 있다. 더욱이 감사하는 사람도 없고, 나아진 모습도 보기 힘들고, 종종 아무런 성과도 없기 때문에 점점 더 피곤을 느끼고 있다. 좋은 상담가가 되는 방법을 알고 있고 개인과 단

체의 필요에 의미 있게 대답할 수 있는 사람도, 사회 개혁 운동가가 될 준비가 된 사람도 모두 다음과 같이 질문하고 있다. "무엇 때문에 이 모든 일을 하고 있는가? 나는 어디서 이 많은 활동을 통합할 수 있는 힘을 찾을 수 있을까? 바울은 그의 모든 모험 중에서도 십자가에 못 박힌 그리스도에 대한 흔들리지 않는 신앙을 통해 자기를 지킬 수 있었건만, 나는 도대체 어디서 바울같이 될 수 있는 힘을 발견할 수 있을까?"

다시 규칙적인 기도 생활로 돌아가야 하는가? 좀더 시간을 내어 성경을 읽어야 하는가? 묵상과 침묵의 시간을 더 많이 가져야 하는가? 수련회에 가 볼까? 많은 사람이 이런 노력을 하지만 실패했다. 그들은 이렇게 말하고 있다. "나는 나의 관심과 염려와 수고와 기쁨을 나의 사역에 모두 쏟아 바치고 있건만, 도대체 이 사역의 한복판에서 하나님을 찾을 수 없구나! 그렇다면 내 삶의 변두리 시간에 하나님을 찾겠다는 노력이 무슨 의미가 있을까? 목회 현장에서 나의 영성이 성장하고 성숙되지 못한다면, 이런 하찮은 시간에 어떻게 영성의 발전을 기대할 수 있겠는가?"

목회에 헌신하기 원하는 사람은 날이 갈수록 그들의 직업적 전문성을 넘어서는 그 이상의 문제에 시달리고 있다. 목회자가 되기 위해 신중한 준비가 필요하다는 것은 의심의 여지가 없다. 목회자는 하나님의 말씀을 알고 이해하는 것뿐만 아니라 하나님의 말씀를 전하는 목회자와 신자의 인간적 관계를 위해 철저하게 준비해야 한다. 의사, 심리학자, 상담가, 사회 사업가들이 사람들에게 도움을 주기 위해 특수한 기술을 익혀야 하듯이, 목회자는 교육, 설교, 목회 상담, 사회 참여, 예전과 경축 같은 교역의 주요 기능을 훈련해야 마땅하다. 그래서 목회 훈련 센터는 목회자에게 전문적 훈련을 가르쳤고, 그들의 사역을 보다 더 만족스럽고 의미 있고 효과적으로 수행할 수 있는 방법을 제공했다.

이처럼 지난 몇 년 동안 목회자의 관심은 우선 여러 가지 서비스 직업의 대열에 끼이는 것이었다. 그러나 그들의 머리에는 항상 다음과 같은 의문이 여전히 남아 있었다. "전문적 직업 그 이상의 무엇은 없는가? 목회는 단지 많은 서비스 직업 가운데 하나에 불과한 것인가?" 최근 젊은 학생들은 학문을 복잡하게 분류하고 구분하는 일이 과연 무슨 가치가 있는지 질문하고 있다. 그리고 그들의 삶에서 무엇이 핵심적인 것이고 그들의 삶을 통합해 주는 것이 무엇인지 진지하게 논의하고 있다.

최근 몇 년 동안 나는 목회 문제에 대해 상담하는 목회자와 교역자와 신학생들이 그들의 직업적 관심 이상의 질문을 제기하고 있다는 인상을 받았다. 처음에 그들은 최고의 기술, 가장 적절한 수단, 가장 효과적인 방법 등을 강조했다. "어떻게 하면 회중이 이해할 만한 언어로 설교할 수 있는가? 어떻게 위기에 처해 있는 부부를 도울 수 있을까? 어떻게 하면 죽어 가는 환자를 도울 수 있을까? 교인들이 주택 문제를 대변해 달라고 하고, 빈곤을 타개하는 활동을 해 달라고 하고, 인종 차별과 사회의 불의에 투쟁해 달라고 요구할 때, 나는 도대체 어떻게 처신해야 하는가? 어떤 일이 있어도 비폭력의 입장을 고수해야 하는가? 아니면 폭력이 유일한 도덕적 응답이 될 때도 있는가?" 이런 문제는 아주 중요한 것이고, 지적인 토론과 철저한 연구와 장기간의 지도를 요구한다.

그러나 이런 문제는 최종적이고 결정적인 문제는 아니다. 때때로 이런 모든 문제 밑에는 이 문제를 제기한 교역자의 영성의 문제가 있는 것 같다. 많은 신학생은 그들 자신의 존재 의미와 싸우고 있다. 그들은 "어떻게 다른 사람에게 복음을 설교하느냐?" 하고 질문하기 전에, 다음과 같은 혼란스런 문제와 싸우고 있다. "내게 하나님은 도대체 어떤 분인가? 예수 그리스도는 과연 내 삶에 진정한 동기를 부여하고 있는가? 나는 나 자신의 삶과 죽음에 대해 어떻게 생각하고 있는가? 나는 내 이웃과 무슨 관계가 있는가? 나의 소원과 과제와 소명이 결국 타인의 삶에 개입하는 것이란 말인가? 내가 도대체 사랑이 가능한 것인지 의심하면서도 과연 사랑에 대해 말해야 하는가? 나 스스로 기도다운 기도를 해 본 적이 없는데, 왜 내가 기도에 대하여 읽고 말하고 가르치고 있는가?"

이런 질문은 아주 분명한 말로 표현되지는 못한다. 그러나 나는 설교, 환자 심방, 기독교 교육 등에 대한 토론 중에 이런 질문이 알든 모르든 현대 목회자의 절망의 뿌리를 이루고 있다는 것을 발견했다. 의사는 생명의 가치를 믿지 않으면서도 환자를 치유할 수 있을지도 모르겠다. 그러나 목회자가 개인적 신앙과 삶에 대한 통찰을 가지고 목회 사역의 핵심을 형성하지 않는다면, 그는 절대로 목회자가 될 수 없다.

이처럼 목회와 영성은 결코 분리될 수 없다. 목회는 아침 여덟 시부터 오후 다섯 시까지 근무하는 하나의 직업이 아니다. 목회는 무엇보다도 다른 사람이 해방과 자유가 가능하다는 것을 보고 이해하게 해 주는 하나의 삶의 방식인 것이다.

최근 사람들은 삶 속에서 하나님을 새롭게 체험하는 새로운 영성을 갈망하고 있다. 하나님에 대한 체험은 모든 교역자에게 본질적인 것이지만, 목회의 영역 바깥에서는 찾아볼 수 없는 것이다. 우리는 바로 목회 현장에서 새로운 '영성의 씨앗'을 발견할 수 있어야 한다. 기도는 사역을 위한 준비나 효과적 목회를 위한 필수 조건이 아니다. 기도는 삶 그 자체이다. 기도와 목회는 동일한 것이다. 결코 분리할 수 없다. 기도와 목회가 분리되면, 목회자는 기술자가 되고, 목회는 일상 생활의 많은 고통을 완화해 주는 또 다른 방식에 불과할 뿐이다.

만일 침묵과 관상과 묵상에 대한 갈망이 이 세상에 대한 관심에서 나오지 않으면, 우리는 왜 그렇게 많은 경건 훈련을 해야 하는지 이해하지도 못한 채 곧 지루해지고 말 것이다. 만일 하나님이 날마다 하나님의 백성에게 봉사하는 교역자에게 살아 계시는 하나님이 되지 못하면, 하나님이 광야나 수도원이나 침묵의 시간에 살아 계시는 하나님으로 체험되는 것은 더욱더 어려운 일일 것이다. 목회라는 전문직이 성직자의 생활 수단으로 타락하지 않으려면, 목회는 교역자 자신의 영성 생활 안에 그 뿌리를 두어야 한다. 물론 목회가 섬기는 사람들을 위한 지속적 관심에서 발전되어야 하지만 말이다.

나는 앞으로 교육, 설교, 목회 상담, 사회 참여, 예전과 경축 등 다섯 가지 사역의 주요 기능을 분석함으로써 창조적인 목회자가 되기 원하는 사람을 위한 '영성의 씨앗'을 보여 주고자 한다.

한편으로 모든 그리스도인이 교역자라는 것이 분명하다. 그러나 다른 한편으로 안수 받은 교역자가 그리스도인의 섬김의 다양한 형태에 가장 뚜렷한 형태를 부여하기 때문에, 안수 받은 교역자가 초점이 될 수는 있다. 그래서 종종 '교역자' 혹은 '목회자'라는 말이 사용될 것이다. 그럼에도 불구하고 공식적 의미에서 교역자와 목회자에게 진리인 것은 예수 그리스도의 복음의 빛을 따라 살기 원하는 모든 그리스도인에게도 진리이다.

따라서 이 책은 본질적으로 모든 그리스도인의 삶의 방식에 대한 것이다.

교육...... 지식의 전달을 넘어서

폭력적 학습 방식에서
구속적 학습 방식으로

교육... 지식의 전달을 넘어서

하나님이 하늘에서 천사들을 시켜 인간에게 급한 메시지를 보내시던 때가 있었다. 하나님은 지금도 그렇게 하신다.

몇 달 전 베트남 스님 한 분이 네델란드에 왔다가 우리 집을 방문했다. 깡마르고 왜소하여 손만 대도 넘어질 것 같은 사람이었다. 그러나 그의 맑고 두려움 없는 눈은 무엇이나 꿰뚫어 볼 것 같은 안광(眼光)을 내뿜고 있었다. 그는 내 눈을 똑바로 들여다보며 이런 말을 했다. "말을 타고 어디론가 급히 가는 사람이 있었습니다. 그때 한 나이 많은 농부가 들판에서 그에게 말했습니다.

'여보시오. 어디로 가시오?' 그는 고개를 돌리고 말했습니다.

'나에게 묻지 마시오. 내 말에게 물어 보구려!'"

스님은 나에게서 눈을 떼지 않은 채 말을 이었다. "이것이 당신들의 처지입니다. 당신들은 더 이상 자신의 운명을 지배하지 못하며 알 수 없는 방향으로 끌고 가는 그 거대한 힘을 통제하지 못하고 있습니다. 당신들은 이해하지 못하는 지속적인 운동의 수동적 희생물이 되었습니다." 그의 말은 문신처럼 내 피부에 새겨졌고, 내가 어디를 가든 그 말을 전하라고 명령하고 있었다. 오늘날 가르치고 배우는 사람들의 처지를 생각할 때, 똑같은 질문이 떠오른다. 선생과 학생들은 참으로 그들이 타고 있는 말이 어디로 가고 있는지 알고 있는가?

학생은 유능한 선생의 지도 아래 그들 자신과 사회를 성찰하는 특별한 입장에 처해 있는 사람들을 가리킨다. 그들은 자신의 상황과 세상의 정황을 명확하게 바라보는 데 삶의 상당한 시간을 보내고 있다. 그들은 자신과 세상의 상황을 잘 이해하고 적절하게 행동할 수 있으리라는 희망을 갖고 있다.

그러나 오늘의 '학교'(school)는 더 이상 자유로운 시간을 뜻하는 '스콜라'(schola)가 아니다. 학교는 갈수록 더 복잡해지는 사회에서 살아갈 수 있도록 학생을 준비시키는 고도로 복잡한 산업이 되었다. 그래서 이 베트남 스님의 말은 더 실감이

간다. 교육이 사람들로 하여금 자기 이웃을 이기게 하고 돈을 더 벌게 하고 더 좋은 직장을 잡고 더 좋은 평판을 얻는 데 충분한 학문적 무기를 제공해 주는 것을 의미한다면, 우리는 이것을 뒷받침하는 어떤 하나님의 말씀이 있는지 스스로 질문해 보아야 할 것이다.

수세기 동안 기독교 목회의 가장 보편적이고 또 가장 높이 평가받고 있는 역할은 교육이었다. 그리스도인이 봉사의 길을 가는 곳마다, 그들은 교육을 가장 주요한 과업 중의 하나라고 생각했다. 바로 인간과 세계에 대한 지식과 통찰력을 얻는다는 것은 곧 새로운 자유를 얻는 길이요 새로운 생활 방식을 누리는 길이라는 소신을 갖고 있었기 때문이다. 비록 교회가 이 소신대로 살지 못하고 자연 과학의 자유로운 발전을 방해하고 새로운 지식의 탐구를 제한하기도 했지만, 교회는 항상 복음 안에서 끊임없는 교육을 통해 인간의 잠재력을 최고로 발전시키라는 소명을 받았다.

따라서 가르치는 사역은 결코 종교 교육에 한정되지 않았다. 교육은 가르치는 내용 때문이 아니라 교육 과정 자체의 성격 때문에 사역이 되었다. 아마도 우리는 가르치고 배우는 관계가 가르치는 사역에서 가장 중요한 요인이라는 것을 깨닫지 못하고, 가르치는 내용에 너무 많은 관심을 둔 것 같다.

이런 관점에서 다음과 같은 질문이 제기된다. 예수 그리스도의 복음에 비추어 볼 때, 선생이나 학생들은 무슨 근거로 자신들을 선생이나 학생으로 자처하는가? 이 질문에 의미 있게 답변하기 위해, 나는 교육의 두 가지 기본적 유형 즉, 교육의 폭력적(violent) 모델과 구속적(redemptive) 모델을 설명하고, 그 다음 배움에 대한 인간의 주요한 저항을 밝히고자 한다.

나는 이 두 가지 모델을 가지고 선생들 개개인을 제대로 설명하지는 못할 것이다. 나는 그렇게 설명하려고 하지도 않는다. 나는 단지 가르치고 배우는 기본 구조를 대략적으로 그려봄으로써 우리가 과연 어디에 있고 어느 방향으로 나아가고자 하는지를 발견하고 싶을 뿐이다.

1. 폭력적 과정으로서 교육

오늘의 교육 현황을 살펴보면, 학생들은 끊임없이 세계의 복잡한 문제에 직면해 있고 거의 날마다 세계의 문제를 통제할 수 있는 새로운 기술과 방법을 제공받고 있는 것 같다. 의학, 사회학, 심리학, 화학, 생물학, 경제학, 심지어 신학 같은 분야는 세계의 복잡한 문제를 해결할 수 있는 방법을 찾기 위해 혈안이 되어 있다. 이 문제 해결 방법이 어느 정도나 즉각적 필요를 채울 수 있고 눈앞의 현안과 관련이 있고 우리 삶의 양식에서 적절한 균형을 제공하는지 많은 관심을 기울인다.

'사물을 통제 아래 두는 일'이 선생과 학생들의 당면 과제이다. 성공적인 선생은 흔히 훈련 과정을 마치자마자 부딪히는 위험한 사자를 길들이는 데 필요한 도구를 갖고 있다는 확신을 주는 사람이다.

교육이 이런 상황 속에서 일어나는 한, 그것은 폭력적 과정이 될 수밖에 없다. 교육 현장에서 인간은 세상을 정복해야 할 새로운 영역으로 보지만 이 세상은 낯선 사람에 의해 지배받기를 거부하는 식으로 작용과 반작용의 악순환을 불러일으키기 때문이다.

교육 현장에 발을 들여놓는 선생은 본성적으로 경쟁적이고 일방적이고 소외시키는 과정 즉 폭력적 과정 안에 들어갈 수밖에 없다. 이제 이런 폭력적 교육 과정의 세 가지 성격을 좀더 살펴보자.

경쟁성
경쟁은 현대 교육의 가장 왜곡되고 파괴적인 측면 중의 하나이다. 학생들이 동료와 선생을 바라보는 방식, 학점을 기대하는 방식, 시험을 준비하고 치르는 방식, 대학과 대학원에 지원하는 방식, 심지어 여가를 보내는 방식에까지 모두 경쟁 의식이 배어 있다. 학기말 마지막 주간에 대학 캠퍼스에 한번 가보라. 모든 사람의 입에서 A, B, C, D, F라는 기이한 말이 회자되고 있을 것이다. 우수한 성적을 받은 학생도 다른 학생들의 점수가 자기보다 더 낮아야 비로소 행복하다.

이런 계속적 경쟁을 부추기는 체계 안에서 지식은 더 이상 타인과 공유해야 할 선물이 아니라 방어해야 할 재산이다. 학생들은 학문과 운동과 사회 활동을 포함하여 자기의 모든 성취가 다른 사람들과 비교될 것을 알고 있고, 그들의 성적 순위가 장차 그들의 진학과 미래의 직업과 심지어 군 복무까지 결정할 것을 알고 있다. 이런 학생들은 공포에 떨고 두려움의 희생자가 된다.

이 공포가 학생들로 하여금 동료 학생과 선생의 반응에 대하여 지나치게 민감하게 만든다. 학생들은 이런 경쟁의 공포로 인하여 지나치게 자기를 의식하고, 타인들에게 방어적이고, 항상 실패의 가능성을 염려하고, 어떤 모험이나 예상하지 못한 일을 두려워한다. 종종 이런 공포는 그들의 글과 말과 생각을 철저하게 지배한다. 이런 공포로 인해, 경쟁은 학생들의 전인적 인격의 발전에 커다란 장애가 된다.

경쟁이 교육 제도에 얼마나 깊이 침투해 있는지 이해하기 위해, 언뜻 보기에 가장 경쟁적이지 않은 것같이 보이는 토론식 교육 방법에 대해 살펴보자.

오늘날 대학 교실에서 토론은 현대 교육의 중요한 부문으로 등장했다. 토론식 수업에는 학생들이 이미 만들어진 지식을 외우는 것보다 자유로운 토론을 통해 더 많은 것을 배운다는 전제가 깔려 있다.

그러나 이런 전제가 과연 항상 옳은 것일까? 토의 과정을 자세히 들여다보면, 실제로 거기서 일어나고 있는 것은 바로 지성의 전투이다. 학생들은 지적 전투 후에 처음보다 더 폐쇄적인 마음을 갖게 된다. 책상에 둘러앉아서 선생에게 질문을 하고 자기 생각과 의견을 다른 사람에게 표현하고 있는 학생들은 손을 마주 잡고 흔드는 친구들보다는 총을 들이대고 있는 병사들처럼 보인다.

토의는 보통 이렇게 진행된다. 토의에 임하는 한 학생이 있다. 그는 토의의 내용을 잘 모르고 있으나 그 내용을 좀더 알고 싶다는 소망도 있고 동시에 자기 무식이 드러날까 겁도 내고 있다. 한 학생이 어떤 의견을 내세우면 가장 일반적인 반응은, "어떻게 하면 **그의** 의견을 더 잘 이해할 수 있을까?"가 아니라 "그러면 **나의** 의견은 무엇인가?" 하는 것이다. 그래서 침묵의 시간도 타인의 생각을 파고드는 시간이 아니라 자기의 의견과 주장을 짜내는 시간이 되고 만다. 그리고 둘, 셋 혹은 그 이상의 의견이 나오면, 참석자들은 그 중에서 자기가 선정한 입장을 방어하는 데 온통 관심을 기울인다. 방어할 가치가 없는 의견이라도 상관 없다. 처음에는 자신의 견해라고 생각하는 것이 아니라 단지 의견의 교환에 참여한다고 생각한다. 그러나 곧 어떤 한 의견을 자신의 주장이라고 우기면서 남을 설득하려 한다. 선생은 학생들의 의견이 얼마나 가치가 있는지 판단하는 사람으로 간주되고 동료 학생들은 학문적 생존을 위한 큰 전투에서 서로 경쟁자가 된다. 이런 상황에서 누가 약하고 상처입기를 원하겠는가? 이런 방식으로 누가 진정한 학습을 얻을 수 있겠는가?

일방성

폭력적 교육 형태의 두 번째 특징은 그것이 결국 일방적 과정이라는 점이다. 본래 토론은 서로 상대방에게 배우기 위해 하는 것이다. 그러나 토론은 종종 최종적 메시지를 납득시키거나 소위 생필품을 팔기 위해 사용하는 가장 부드러운 방법으로 이용되기도 한다. 토론이 값싼 광고 수단에 불과할 때,

대부분의 학생들이 열심히 토론해 보아도 배울 것이 없다고 불평하며 직접 책을 읽거나 강의를 듣겠다고 말하는 것은 조금도 이상한 일이 아니다.

많은 교육 방법의 저변에는 어떤 사람은 능력이 있고 어떤 사람은 능력이 없고 또 교육은 능력 있는 사람과 능력 없는 사람을 비슷하게 만들기 위해 노력하는 것이라는 전제가 깔려 있다. 이런 목표가 실현되면, 선생과 학생은 각각 더 이상 선생과 학생으로 인정되지 않고, 선생과 학생은 모두 일정한 성취를 얻고 떠나는 것이 아니라 훗날 상대방에 대해 재미있는 이야기를 하는 능력을 갖고 떠나게 된다.

이런 상황에서 선생은 강자이다. 선생은 알고 있고 또 알아야 한다. 반대로 학생은 약자이다. 학생은 무지하고 알기 위해 노력해야 한다. 따라서 모든 흐름은 선생으로부터 학생에게로, 강자로부터 약자에게로, 지식이 있는 사람으로부터 지식이 없는 사람에게로 움직인다. 이것은 철저하게 일방적 과정이다.

소외성

결국 폭력적 교육 과정은 학생의 눈이 밖으로 향하기 때문에 자기 소외를 일으킨다. 학생들은 자기 자신과 가까운 인간 관계를 통해 미래 즉 진정한 일이 일어나리라 여겨지는 미래를 바라본다. 그러면 학교는 겨우 미래의 '진정한' 삶을 준비하는 장소가 되고 만다. 어느 날 학생들은 교실을 떠나고, 책을 덮고, 스승을 잊고, 그들의 삶을 시작할 것이다. 학교는 단지 실내 훈련장이요 학교 생활은 모의 수영 연습이요 예비적 삶이다. 따라서 학생들이 수업 도중에 지루해하고 또 종이 울리기만을 기다리면서 시간을 때우는 것은 이상한 일이 아니다. 그들은 졸업과 동시에 자기 일을 시작할 수 있을 것이다. 많은 사람들은 학창 시절이 그들과 아무 상관이 없다고 말한다. 언젠가 학교에서 배운 지식을 고맙게 생각할 날이 오리라는 맹목적 믿음을 가지고 꾹 참고 견뎌야 하는 기간으로 생각한다.

많은 선생들은 학생들과 다른 세계에 속한 사람이라는 인상을 준다. 그 결과 학생들의 교육에 큰 관심을 가지고 시간과 정열을 쏟으면서도 학생들로부터 감사는커녕 오히려 눈에 보이지 않는 질시를 받고 있다.

이런 모든 교육 과정이 소외를 일으키는 것은 학생도 선생도 모두 그들의 개성을 표현하지 못하고 그들의 정규적 인간관계를 배움의 주요한 수단으로 이용하지 못하기 때문이다. 그들은 그들 자신의 경험과 동떨어진 생활을 하고 있다. 그들은 먼 지평선 위에서 무슨 일이 일어나리라는 기대를 안고 길을 떠나고 있으나, 정작 자기 눈앞에서 벌어지고 있는 일은 보지 못하고 있다.

어떤 사람이 20여 년을 학교에서 공부하고, 학창 시절을 끝내자마자 죽었다 하자. 그때 그 삶이 얼마나 가치가 있을까? 20여 년의 세월은 단지 그 다음 은퇴 후 20여 년의 노년기의 생활을 보장해 주는 20여 년의 장년기의 세월을 준비하는 기간에 불과한 것인가? 그러나 그 사람이 지금 여기서 진정으로 살고 있지 않으면서, 왜 이후에 다른 삶을 살 것이라고 기대해야 하는가? 이것이 바로 선생과 학생의 삶에서 너무 자주 드러나는 소외의 핵심이다.

우리는 지금까지 경쟁적이고 일방적이고 인간을 소외시키는, 폭력적 교육 과정을 살펴보았다. 이 폭력적 교육 과정이 지니는 파괴적 문제점을 낱낱이 드러낼 수는 없으나, 그래도 그 중의 일부 요소는 현대 교육 방법 안에서 찾아볼 수 있다는 것은 분명하다.

이제 우리는 '구속적'이라고 불리는 대안적 모델을 살펴보자. 나는 앞의 설명이 이 구속적 모델에 대하여 더 듣고 싶은 욕구를 불러일으키기를 바란다.

2. 구속적 과정으로서 교육

우리가 교육 과정의 영향을 거의 알아차릴 수 없어도 이 교육 과정의 수동적 희생자가 되었다면, 우리는 우리에게 일어난 일이 정확히 무엇인지 질문해야 마땅하다. 흔히 나는 우리가 자기 존재의 근원에 도달하지 못하고 우리 집에서 낯선 손님이 되지 않았는지 의심해 본다. 우리는 주변에서 발생하는 문제를 해결하기 위해 발을 구르며 쏘다니지만 자기에게 가장 심각하고 참된 문제, 즉 자아와 대면하는 일은 의도적으로 회피하려 든다. 우리는 예쁜 꽃 한 송이에 다가가서 다음과 같이 말하는 바쁜 사람과 비슷하다. 그는 "너는 도대체 여기서 무얼 하고 있니? 좀 부지런해질 수 없니?" 하고 묻는다. 그러자 꽃은 이렇게 대답한다. "미안합니다, 어르신. 저는 다만 여기에 예쁘게 있을 뿐입니다." 그러나 그는 이런 꽃의 대답을 결코 이해하지 못할 것이다.

우리는 어떻게 존재가 행위보다 중요하다고 하는 꽃의 지혜를 터득할 수 있을까? 또한 무슨 방법으로 우리 생명의 근원과 창조적으로 접촉할 수 있을까? 마땅히 스승이 우리가 누구이고 또 무엇을 해야 하는지 가르쳐 주어 우리를 존재의 근원에 이르도록 이끌어 주어야 한다.

그러나 이런 선생이 어디 있는가? 어떤 사람들은 우리가 진정한 선생을 잃고 현자가 없는 시대를 살아가고 있다고 말한다. 이것이 과연 옳은가? 오히려 배우고자 하는 학생이 없기 때문에 가르치는 선생이 없다고 해야 하지 않을까? 선생은 학생이 스승으로 받아들여야 선생이 되고, 학생은 선생이 제자로 받아 줄 때 비로소 학생이 된다. 그리고 이렇게 서로 받아들임으로써 구속적이라고 부를 수 있는 사제 관계가 맺어진다. 따라서 경쟁적이고 일방적이며 소외감을 주는 폭력적 교육 형태와는 다르게, 이 구속적 교육 과정은 잠재력을 이끌어(evocative) 내고, 쌍방적(bilateral)이고, 현재 실현되는(actualizing) 형태가 된다. 이 세 가지 특징에 대해 좀더 자세히 살펴보자.

잠재력을 이끌어냄

구속적 사제 관계의 첫번째 특징은 서로 각각 상대방의 잠재력을 끌어 내고 이를 통해 서로에게 도움이 되려고 노력하는 것이다. 학생이 선생을 얻으려면, 그는 선생에게 자기 체험을 이야기해야 한다. 그래야 선생은 그의 이야기를 듣고 통찰력과 이해를 얻을 수 있다. 학생은 어떤 사람이 자신의 생활 체험 속으로 들어오도록 허락해야 그 사람 안에서 선생이 될 수 있는 능력을 이끌어 낼 수 있다. 이런 의미에서 선생은 자신에게 신뢰와 믿음과 우정을 주고 자신의 장단점과 욕구와 필요를 함께 나누는 학생에게 전적으로 의존해 있다. 이것을 너무 비현실적인 생각이라고 속단하지 말라.

실제로 토의가 잠재력을 끌어 내는 학습 형태가 되고 학생이 선생과 학우에게 자신의 체험을 이야기하여 그들이 사실을 좀더 깊이 이해하도록 돕고 있는 교실이 있다. 그들은 "옳습니다-그러나"라고 말하는 대신 "좀더 얘기해 주세요." 나 "그것은 이것을 생각나게 하는군요." 혹은 "거기에 약간 부연할 것이 있습니다."라고 말한다. 경쟁이 없어지고 선생이 더 이상 두려운 심판관이 아닐 때, 선생은 비로소 선생이 되고, 학생들을 학습으로 초청할 수 있다. 선생이 어느 정도 학생의 친구가 되지 않으면 진정한 선생이 될 수 없다.

그리스도도 "이제부터는 너희를 종이라 하지 아니하리니 너희를 친구라 하리라"(요 15:14) 말씀하셨다.

그리스도는 이 말씀으로 참된 스승이 되셨다. 모든 두려움이 극복되었고 진정한 학습이 시작될 수 있었기 때문이다.

쌍방성

 구속적 교육 과정의 두 번째 특징은 쌍방성이다. 학생이 선생에게 배울 뿐만 아니라 선생도 학생에게 배워야 한다는 말이다. 선생이 학생을 자기 선생으로 삼아 스스로 학생이 되지 않으면, 선생의 가르침은 구속적 과정이 될 수 없다. 선생과 학생은 함께 무엇이 진리이고 무엇이 의미 있는 것이며 무엇이 가치 있는지를 탐구하는 동지가 되어야 하고, 어느 정도 상대방과 역할을 공유하려고 노력해야 한다.

 그러나 학생이 자기보다 많이 알고 있다는 것을 용납하고 학생이 스스로 배우도록 자유롭게 놓아 두는 선생이 거의 없다는 것은 슬픈 일이다. 선생은 학생에게서 무엇을 배운다는 사실을 부끄럽게 생각하고 체면이 깎이는 것으로 생각한다. 학생에게 자유를 줌으로써 그들을 공포감에서 해방하여 자유롭게 성장하도록 만든다는 사실을 깨닫지 못한다. 이 구속적 학습 과정에서 중요한 것은 선생의 지적 우위성이 아니라 선생이 모르는 문제에 부딪혔을 때 그가 답을 모른다는 사실을 기꺼이 인정하는 자세이다.

 만일 교육 과정이 쌍방적 과정이라면, 그것은 본질적으로 결론을 열어 놓는 과정이다. 따라서 토의도 미리 준비된 자기 견해를 학생들에게 던져 주는 것보다 결론이 내려지지 않은 이념이나 생활 체험 등을 교환하는 방법이 되어야 한다. 이렇게 되면 토의는 참신하고 놀라운 통찰력으로 이루어질 것이다.

선생과 학생이 서로 배우려는 자세로 학습에 임한다면, 그 학습은 지루하지 않은 창조적 과정이 될 수 있다. 학습은 이 같은 인간 관계를 통해서만 일어난다.

현재성

구속적 교육 과정의 세 번째 특징은 현재성이다. 구속적 교육 과정은 소외시키는 것이 아니라 현재 실현되게 한다. 미래가 지금 여기서 가르치는 관계 안에 현존할 때만, 학습이 미래를 위한 준비가 되는 것이다. 더 좋은 세상은 눈에 보이는 일상 생활에서 시작되어야 한다. 지금은 희망의 표지가 보이지 않아도 미래에는 그 일이 일어날 것이라고 생각하는 것은 잘못된 것이다. 우리가 지금 여기서 우리의 평화와 자유를 체험할 수 없다면, 평화와 자유를 실현할 방법을 이야기할 수는 없는 일이다.

만일 오늘 우리가 영위하고 있는 생활 한가운데서 사랑과 정의의 씨앗을 발견하지 못한다면, 미래 사회에서도 마찬가지다. 정의가 질투에서 자랄 수 없고 온유가 잔인함에서 나올 수 없고 사랑이 미움에서 싹틀 수 없듯이, 폭력적인 교육 방법에서 비폭력적 세계의 창조를 기대할 수 없다.

그러나 학교가 공동 생활을 체험하는 장소가 되고, 사람들이 서로 두려워하지 않고 함께 생활하는 장소가 되고, 체험과 사상의 창조적 교환의 토대 위에서 교육이 이루어지는 장소가 될 수 있다. 그러면 학교에서 배출된 사람들은 점점 더 학창 생활에서 경험한 것을 세상 속에서 실현하고 싶은 욕구를 품게 될 것이다. 이런 의미에서 학교는 폭력적인 사회에 들어가기 위해 준비시키는 훈련소가 아니라 구속적인 사회 형태를 실험하고 현대 세상에 하나의 새로운 대안을 제공하는 장소가 될 수 있다. 그러면 교육은 인간이 근본적으로 비폭력적 방식으로 서로 관계를 형성하는 새로운 삶의 양식을 창조하는 수단이 될 수 있다. 이런 방식으로 살기 위해 노력할 때, 선생은 학습이 교실 그 이상의 삶의 양식이고 또 졸업 이후에도 끝나지 않는 새로운 인간 관계를 창조할 수 있음을 발견할 것이다. 그리고 학습이 연장 교육을 요구하고 학점이나 학위에 의해 제한받지 않는 과정이라는 것을 알게 될 것이고, 배움이 삶의 양식의 지속적인 혁신을 요구한다는 것도 알게 될 것이다.

우리는 지금까지 구속적 교육 과정이 잠재력을 이끌어 내고, 쌍방적이고, 현재 실현되는 것임을 설명했다. 이런 이상은 분명히 완전하게 실현될 수는 없을 것이다. 그러나 우리가 우리 자신의 상황에서 구속적 교육 과정을 시작할 수 있다면, 우리는 주도권을 쥐고 폭력으로부터 자유의 방향으로 나아갈 수 있을 것이다. 그러나 만일 우리가 사람들이 당연히 구속적 교육 형태를 선택할 것이라고 생각한다면, 이것은 우리 스스로를 속이는 일일 것이다. 교육의 구속적 형태가 자명한 것이라면, 지금까지 우리의 이야기는 모두 피상적이 되고 말 것이다. 그러나 학습에 대한 인간의 저항은 뿌리 깊은 것이다. 이제 학습에 대한 저항의 문제에 대해 생각해 보자.

3. 학습에 대한 저항

학습의 의도는 인간을 인간과 세계의 상황에 대한 구속적 통찰력(redemptive insight)으로 인도하는 것이다. 그러나 우리는 언제나 통찰력을 바라고 있는가?

버나드 로너간(Bernard Lonergan)은 다음과 같이 말했다.

> 우리는 통찰력을 바라는 만큼, 바라지 않을 수도 있다. 빛을 사랑하는 사람이 있듯이, 어둠을 사랑하는 사람도 있다. 학문연

구에서 선입견이나 편견이 작용한다면, 실제적 문제나 개인적 문제에서 인간의 감정이 오해를 일으키는 것은 당연한 일이다. 통찰력을 거부하는 것은 그 통찰력이 제기하는 다른 질문을 거부하고, 또 그 통찰력을 보다 균형 있는 견해로 인도할 만한 다른 보완적 통찰도 거부하는 것이다. 온전한 견해를 갖지 못할 때, 사람들은 자신과 타인에 대해 오해를 일으키는 행동을 한다. 그리고 자신과 다른 사람을 오해할 때, 사람들은 객관적인 인생의 드라마에서 내적인 환상의 드라마로 도피하게 된다.

로너간은 이런 이해의 왜곡을 '스코토시스'(scotosis)라고 불렀다. 이것은 어둠을 뜻하는 희랍어 '스코토스'(skotos)에서 유래한 말이다. 로너간은 또한 '스코토시스'로 인한 맹점을 '스코토마'(scotoma, 暗點)라고 불렀다. 우리는 그의 용어를 통해 학습의 커다란 저항 요인을 보다 더 잘 이해할 수 있게 되었다. 이 '스코토시스'는 바로 인간이 자기 자신이 되는 일에서 결정적으로 중요한 요인을 제대로 다루지 못하도록 방해하는 것이기 때문이다. 고통스런 통찰을 거부하는 '스코토시스' 때문에, 우리는 우리 자신의 체험이 학습 과정의 일부가 되는 것을 방해하고 삶의 과정에서 방관자가 된다. 나는 여기서 아주 단순하고 분명한 사실을 말하고 있으나, 가장 분명한 것이 가장 위협적인 것이 되는 것도 사실이다. '스코토시스'의 주제가 바로 그런 문제이다.

'스코토시스'는 우리가 선생을 증오하고 동료 학생들의 필요를 무시하면서도 오랫동안 열정적으로 정의와 평화에 대해 토론하는 것을 의미한다. '스코토시스'는 폭력이 만연한 세상에서 끝없는 학문적 논쟁을 일삼고 다이어트로 고생하면서 기아 문제를 논의하는 것을 의미한다. '스코토시스'는 교회에 다니는 사람들이 하나님은 가난한 자, 병자, 궁핍한 자, 죽어 가는 자들과 함께 하신다는 것을 알면서도 그저 안이하게 하나님의 나라에 대해 토론하고 있는 것을 의미한다. 로너간에 의하면 "스코토시스는 바라지 않는 통찰력을 일으키는 관점이 의식에 떠오르는 것을 방해하는 것을 의미한다." 놀랍게도 인간은 원치 않는 통찰에서 벗어나는 방법을 잘 알고 있다.

왜 이 '스코토시스'는 그렇게도 고치기가 힘든가? 우리는 왜 분명한 사실에 눈을 감아 버리고 마는가? 이 질문에 대한 답을 발견할 수 있다면, 우리는 학습에 대한 강력한 저항 의식이 발동하는 이유와 구속적 교육 과정이 힘든 이유를 조금이라도 이해할 수 있을 것이다.

나는 여기서 학습을 방해하고 선생과 학생 사이의 맹점을 설명해 주는 세 가지 이유를 제시하고자 한다. 그것은 바로 그릇된 가정(wrong supposition)과 부당한 압력(false pressure)과 자아 대면에 대한 공포(horror of self-encounter)이다.

그릇된 가정

많은 학생들뿐만 아니라 선생들도 흔히 받는 것보다 주는 것이 더 좋다는 그릇된 가정 아래 행동한다. 선생은 사랑, 의견, 전문적 기술, 조언, 기타 학생들이 기대하고 있는 것 등을 모두 주려고 한다. 학생은 선생이 그들에게 주어야 하는 것에 따라 선생의 가치를 평가한다.

"주는 것이 받는 것보다 복이 있다"(행 20:35)는 그리스도의 말씀의 의미를 바로 이해하는 것은 어려운 일이다. 우리가 동료에게 행할 수 있는 최대의 봉사는 받음으로써 그에게 주는 행복을 허락하는 것이 아닐까? 선물을 주고받는 관계는 일상생활에서 큰 기쁨이다. 자기가 그려 준 그림 한 폭이 친구 집 안방에 소중하게 걸려 있는 것을 보는 사람은 누구나 큰 기쁨을 느낀다. 친구가 그림을 다락방에 처박아 두는 것까지 용납할 수 있을까 하는 것이 문제이지만 말이다.

선물은 상대가 받아들일 때 비로소 선물이 된다. 우리는 부, 재능, 능력, 아름다움 등을 선물로 줄 수 있다. 그러나 선물은 상대가 마음을 열고 받아 줄 때까지는 진정한 선물이 아니다.

이것은 다른 사람이 성장하기를 바라고 그의 능력과 잠재력을 발견하고 그의 삶의 목적을 인정하기를 바라는 사람은 무엇보다 그의 재능을 인정하고 기꺼이 용납해야 한다는 것을 의미한다. 인간은 인정받고 용납받을 때 비로소 온전한 인간이 된다. 사실 자기의 소질을 깨닫게 해 주고 그들의 재능을 천부적 선물로서 용납해 주는 사람이 있다면, 학생들은 보다 더 훌륭한 사람이 될 수 있을 것이다. 학생이 선생에게 어떤 미지의 사실을 알려 주었을 때 선생이 감사하는 마음을 표현하면, 학생은 성장하게 마련이다. 학생이 선생에게서 최선의 것을 끌어 내어 받아들이고 그 일을 감사하며 거기서 새로운 것을 창조해 낼 때, 선생은 더 좋은 선생이 될 수 있을 것이다.

많은 사람이 자기의 재능에 집착하면서도 손도 대지 못한 채 방치하는 것은 그 재능에 흥미를 가져 주는 사람이 없다고 생각하기 때문이다. 결국 그런 사람들은 자기 환상 속으로 들어가고, 점차 자존감을 잃어 간다.

우리가 주는 것이 우선이라는 그릇된 가정을 가지고 사는 한, '스코토시스'는 결코 치유되지 않을 것이고 창조적 통찰력도 우리의 것이 될 수 없을 것이다.

부당한 압력

우리의 '스코토시스'가 치유되지 않는 두 번째 이유는 우리가 성적이 우수하고 더 높은 학위를 가질 때 훌륭하고 능력 있는 인간이 된다고 믿게 만드는 현대 교육 과정의 치명적 오류에 빠져 있기 때문이다.

학생과 선생은 판에 박힌 학교 생활에 정신과 육체의 에너지를 소모하는 데 수많은 시간을 보낸다. 우리는 학위와 자격증에 너무 큰 가치를 부여하고 있기 때문에, 박사 학위를 가진 사람들을 맹목적으로 신뢰한다. 그러나 사실 우리 눈에도 박사들은 그들이 시험을 보기 위해 처절하게 투쟁하는 몇 달 전만 해도, 무책임하고 반항적인 학생들 중의 한 명이 아니었던가?

이 사회는 지적 성취를 형식적으로 인정하는 일에 지나친 관심을 갖도록 부당하게 압력을 행사한다. 그래서 우리는 개인의 필요를 채우지도 못하고 창조적 삶의 기초를 형성할 수 있는 통찰력도 얻지 못하고 있다.

자아 대면에 대한 공포

그러나 학습에 대한 더 강력한 저항 요인이 있다. 그것은 "자기를 비우는"(kenotic) 자기 대면에 대한 저항이다. 학습은 자기를 비우고 자기를 대면하는 회심을 요구하는 데 말이다. 우리가 우리의 근본적 인간 조건을 직면하고 그것을 모든 학습의 토대로 경험할 수 있을 때, 우리는 창조적으로 수용할 수 있고 획일적 학문의 구속을 깨뜨릴 수 있을 것이다. 선생과 학생은 둘 다 벌거숭이고, 무력하고, 죽을 운명에 놓여 있고, 결국 철저히 혼자이고, 다른 사람을 구해 줄 수 없다는 현실을 공유해야 한다. 선생과 학생은 연약함 속에서 연대해 있고 속박으로부터 해방되어야 한다는 것을 발견해야 한다. 그들은 비실재로 가득 찬 세상에서 살고 있으며 천박한 욕망과 혐오스런 야심에 의해 쫓기고 있다는 것을 고백해야 한다.

만일 선생과 학생이 이 고통스런 현실에 직면할 수 있다면, 그들은 진정한 학습을 할 수 있는 자유를 얻을 수 있다. 인간이 고독의 심연 속에서 잃을 것도 없고 집착할 것도 없을 때, 그는 세상에서 실제로 무슨 일이 일어나는지 알 수 있고 아무 두려움 없이 실재에 접근할 수 있다.

이런 회심은 갑작스런 사건이 아니라 점진적인 과정이다. 이 회심은 우리가 구속적 통찰에 도달하고 우리의 수많은 맹점들을 제거하는 데 가장 중요한 선결 요건이다. 우리는 지금까지 그릇된 가정과 부당한 압력과 자기 대면에 대한 공포가 얼마나 우리의 '스코토시스'를 치유하기 힘들게 만들고 학습에 대한 저항 요인을 없애는 것을 방해하고 교육의 구속적 형태를 불가능하게 하는지 살펴보았다.

결론

1장의 핵심은 우리는 궁극적으로 우리 인격 전체에 영향을 미치고 학습에 대한 저항 세력을 깨뜨리는 회심을 통해 비로소 폭력적 교육 형태에서 구속적 교육 형태로 나아갈 수 있다는 것이었다.

예수는 자신의 권위에 집착하지 않고 오히려 배워야 하는 여러 인간 중의 한 사람이 되셨다. 그래서 우리는 예수를 진정한 의미에서 선생이라고 부를 수 있다. 우리는 분명하게 그분의 삶을 통해 무기도 필요 없고 자신을 숨길 필요도 없고 서로 경쟁할 필요도 없다는 것을 배울 수 있다. 자기의 약점을 내보이는 데 주저하지 않는 사람과 선생의 따스한 손길에 스스로를 맡기는 사람만이 참다운 학생이 된다. 만일 교육이 세상에 대한 도전을 의미한다면, 예수 그리스도는 학생뿐만 아니라 선생에게 자기 방어를 버리고 서로 도와 진정한 성장을 이루라고 도전하는 분이시다. 우리의 맹점을 치유하는 이런 회심에 이르기 위해, 우리는 사울처럼 먼저 땅에 거꾸러지고 얼마 동안 장님이 될 필요가 있다. 그러면 우리는 결국 새로운 형안(炯眼)을 얻어 새로운 세상을 사는 새 사람이 될 것이다.

2

설교······ 이야기의 반복을 넘어서

통찰력과 허용성

설교...이야기의 반복을 넘어서

1857년 안토니 트롤롭(Anthony Trollope)은 '바체스터 타워즈'(Barchester Towers)에서 '현대 자유 문명국에 사는 사람에게 가장 괴로운 일이 있다면 그것은 설교를 듣는 일일 것이다.' 라고 했다. 놀랍게도 최근에 그의 생각에 동의하는 사람이 많다.

그러나 이보다 더 놀라운 사실은 지금까지도 설교를 하고 싶어하고 실제로 설교하는 설교자들과 그 설교를 기꺼이 듣고 있는 사람들이 많다는 것이다. 이 현상을 어떻게 설명할 수 있을까? 아마도 1세기 전 사람과 마찬가지로 현대인도 그들 자신의 상황과 세계의 조건에 대한 통찰력을 얻고 싶어하는 지속적 욕구를 갖고 있기 때문일까? 그래서 그리스도를 따를 수 있는 자유로운 처지가 되어 그리스도가 사셨듯이 자신의 삶을 살고 싶어하기 때문일지도 모른다. 설교의 목적은 인간으로 하여금 인간 자신의 상황과 세계의 정황을 바라보는 근본적 통찰력을 얻도록 도와 주는 것이다.

  통찰력은 지적 인식 그 이상의 것이다. 그것은 철두철미한 지식, 인간이 전 인격으로 "예"라고 말할 수 있는 지식이다. 인간의 두뇌에서 심장까지, 머리끝에서 발끝까지 인간 전체에 스며드는 인식이다. 인간이 이토록 몸 전체에 배인 지식을 터득하면 실제로 하나님의 말씀을 듣게 되고, 자기 내부의 어둠 속으로 스며드는 빛을 따를 수 있다. 그러므로 설교의 근본 목적 가운데 하나는 너무 확실하고 현실적인 장애물, 즉 사람이 하나님의 말씀을 한 귀로 듣고 한 귀로 흘려 버리게 하는 장애물을 제거하는 일이다.

  얼마 전 네덜란드의 어느 교회에서 내 친구가 꼬박 사흘 동안 준비한 원고를 들고 주일 예배 때 설교를 했다. 나는 예배가 끝난 후 맨 뒷자리에 앉아 있는 17세 정도의 소년에게 다가가서 물어 보았다. "그래, 오늘 설교는 괜찮았니?" 친구의 설교 준비를 도와 주었던 탓으로 나는 청중의 반응을 알고 싶었다. 그 소년은 무슨 뚱딴지 같은 질문이냐는 듯이 빤히 내 얼굴을 쳐다보더니 앞머리를 쓸어 올리며 이렇게 말했다. "전한 번도 설교를 들은 적이 없어요. 설교 시간은 조는 시간이거든요." 나는 그의 대답이 너무 무관심하다고 생각하고 좀더 진지하게 대답해 줄 만한 사람을 찾아보았다.

마침 아내와 어린 자녀들을 데리고 교회 밖으로 나오는 30대 남자 한 사람을 만나 말을 걸었다. "실례합니다. 오늘 설교는 어떠했습니까?" 그는 무심코 대꾸했다. "글쎄요. 오늘 설교자는 확실히 멋있는 젊은 친구이긴 한데, 아직은 많이 배워야 하겠습니다. 오늘 설교는 카밀로 토레스와 마틴 루터 킹에 대한 이야기와 신자들이 교회 혁신에 이바지해야 한다는 내용이 전부였습니다. 차라리 내가 설교단에 올라가서 설교하고 싶었습니다. 그냥 입이 근질근질하여 꼭 일어서서 한 소리 해주고 싶었지만, 내 아내가 집에서 떠드는 것만으로도 충분하니 교회에서는 입을 다물어야 한다고 해서 그만두었습니다."

교역자들과 목사들은 일요일에 교회를 찾아오는 수많은 신자들에게 접근하기 위해 최선을 다하고 있다. 하지만 대다수의 사람은 무관심과 짜증 때문에 설교를 듣지 못하고 있다. 통찰력이 설교의 목표요, 무관심과 짜증이 통찰력을 방해하는 두 가지 장애물이라면, 우리는 이것만으로도 이미 설교의 핵심 문제를 파악한 것이다.

설교는 기독교 사역의 중심 부분이다. 역사가, 조직 신학자, 성경학자들은 모두 이 중요한 사역을 이해하는 데 많은 기여를 하고 있다. 그러므로 내가 여기서 설교 분야를 모두 거론하는 일은 주제넘은 짓이다. 그러나 나는 꼭 한 가지 문제만은 다루려고 한다. "과연 어떤 사람이 하나님의 말씀이 옥토에 떨어지는 데 방해되는 장애물을 제거할 수 있을까?"

이 문제는 사실 설교자의 영성에 대한 문제다. 그러나 이 문제에 곧바로 접근하기에 앞서, 우리는 설교의 두 가지 난점을 살펴보아야 한다. 이것은 바로 메시지의 문제와 메시지의 전달자의 문제이다. 따라서 우리는 앞으로 메시지의 문제, 메시지 전달자의 문제, 통찰력으로 인도할 수 있는 사람에 대해 논의할 것이다.

1. 메시지의 문제

사람에게 어떤 메시지를 전달하려면, 그 메시지를 받아들이는 사람이 기꺼이 들으려는 자세를 취해야 한다. 이 자세는 설교를 듣고 싶어하는 의욕, 해명이 필요한 질문과 불확실성의 느낌 등을 의미한다. 묻지도 않은 질문에 대답하거나 필요하지도 않은 데 호의를 보이거나 알고 싶어하지 않는 사람에게 어떤 이념을 제공하는 것은 짜증 아니면 무관심을 불러일으킬 뿐이다.

교회에서 설교해 본 사람이면 누구나 대다수의 청중이 열성적으로 설교를 듣고 싶어하는 것이 아니라 오히려 그 반대라는 사실을 발견한다. 어떤 선생이나 강사는 교회에 설교를 들으려고 많은 사람들이 몰려드는 것을 보고 부럽게 생각한다. 그러나 그들은 교회만큼 기대하는 마음이 없이 모이는 청중도 없다는 사실을 모르고 있다. 왜 이런 현상이 벌어지는가? 메시지의 두 가지 측면 즉, 메시지의 반복과 메시지에 대한 두려움을 알게 되면 다소 이해가 갈 것이다.

메시지의 반복

만일 설교가 '기쁜 소식'을 전하는 것을 의미한다고 말한다면, 설교가 대부분의 청중에게 전혀 새로운 뉴스가 되지 못한다는 사실을 깨닫는 것이 중요하다. 실제로 설교를 들을 때 지금까지 몰랐던 사실을 듣게 되리라고 기대하는 사람은 거의 없다. 그들은 이미 예수 그리스도에 대해 즉, 그의 사도, 구원, 기적, 죽음과 부활에 대해 집에서 시작하여 유치원, 초등학교, 중·고등 학교, 대학에 이르기까지 수차에 걸쳐 여러 가지 방법과 형태로 익히 들어 온 터이므로 강단에서 새 소식을 기대할 리가 없다. "네 마음을 다하고 목숨을 다하고 생각을 다하여 주 너의 하나님을 사랑하고 네 이웃을 네 몸과 같이 사랑하라." 하는 복음서의 핵심도 너무나 여러 차례 들어 온 까닭에 이제는 청중에게 별다른 반응을 기대할 수 없게 되었다. 그들은 어려서부터 이 말씀을 들었고 또 교회를 떠나지 않는 한 죽을 때까지 들을 것이다. 정말 신기한 것은 설교자가 구수한 세속 이야기로 설교를 도입하면 똑바로 앉아 초롱초롱한 눈망울로 바라보던 사람이 "사랑하는 형제 자매 여러분, 이것이 바로 예수 그리스도가 말씀하신 것입니다." 하는 문구만 나오면 즉시 자세를 흐트러뜨리고 졸기 시작한다는 것이다. 그때부터 설교자는 손짓발짓해 가며 혼자서 떠들 뿐이다. 이처럼 예수라는 이름이 많은 사람에게서 감동을 주지 못하고 있다는 것은 슬픈 일이다.

어떤 가톨릭 재단 학교에서 수업 시간에 선생이 학생에게 물었다. "여러분, 증기 기관을 발명한 사람이 누굽니까?" 아무도 알아맞히는 사람이 없었다. 그때 교실 맨 뒷자리에 앉은 학생 하나가 손을 들더니 멍청한 소리로 대답했다. "아마 그것도 예수님이 발명했을 겁니다." 웃을 이야기가 아니다.

설교 내용이 자꾸 반복되면 창의적 반응을 기대하기 어렵고 설교는 그만큼 설교의 구실을 하지 못한다. 청중은 불가불 자리에 앉아 있어야 하지만 마음과 눈을 닫아 버리기 때문에 설교는 아무 효과도 기대할 수 없다.

메시지에 대한 두려움

청중이 설교를 듣지 않는 것은 메시지가 반복되기 때문만이 아니다. 메시지가 대다수의 청중에게 새로운 뉴스를 전하지 못하는 것이 사실일지라도, 복음서의 핵심적 메시지는 아직 아무도 드러내지 못한 진리를 담고 있기 때문이다. 그래서 설교를 열심히 듣다 보면 지금까지 믿는다고 하면서도 진정으로 깨닫지 못했다는 것을 고백하게 된다.

만일 그가 먼저 된 사람이라면, 나중 된 자가 먼저 될 것이라는 말씀을 어떻게 좋아할 수 있겠는가? 어느 누가 가난하고 애통하고 굶주리고 목마르고 박해받는 사람이 행복하다는 말씀을 들으려 하겠는가? 그가 부유하고 자기 만족에 빠져 있고 비만이고 고급 양주를 마시고 친구들의 부러움을 사고 있는 자라면 더욱더 그럴 것이다. 상관에게 욕하고, 아들에게 아무짝에도 쓸모 없는 놈이라고 저주하고, 베트남 정부군이 베트콩을 수백 명 죽였다는 신문을 읽으며 좋아하는 사람이 과연 원수를 사랑하고 박해하는 자를 위해 기도하라는 가르침을 받아들일 수 있을까? 설교 메시지가 일생 동안 동일하고 어휘나 표현 방식을 달리해서 수없이 반복될지도 모른다. 그러나 그것을 받아들일 자세를 갖는다면 반드시 거기서 자기 삶을 변화시킬 통찰력을 얻을 수 있다. 진리는 결국 과격한 것이다. 진리는 인간의 삶의 뿌리에 이르기 때문에, 진리를 찾는 사람도 진리가 가져다 주는 자유를 구하는 사람도 별로 없다. 인간은 거짓 없고 순수한 진리에 직면하는 것을 두려워하기 때문에, 예수의 질책을 받아들이기보다 짜증을 내고 화를 낸다. 인간은 이렇게 진리와 대면하는 것을 두려워한다. 예를 들어 주일 아침 토론은 단지 그 두려운 진리가 나에게 미치는 효력을 의도적으로 부정하려는 시도에 지나지 않을 때가 많다. 어떤 사람이 "나는 일어서서 목사들에게 결혼하여 아이 셋을 키우는 삶이 어떤 것인지 말해 주고 싶다."고 말했다 하자. 그러나 그는 실제로는 복음서가 가족을 가진 사람들에게 말씀하고 있다는 것을 고백하기 싫어하고 있는 것이다. 무관심이 복음서의 말씀을 듣지 못하게 하는 것처럼, 짜증과 분노 역시 새롭고 해방시키는 통찰력을 얻는 데 방해가 된다.

메시지의 반복과 진리에 대한 두려움은 왜 설교자가 청중에게 가까이 가는 것이 어려운지를 설명해 주는 두 가지 근본적 이유인 것 같다. 이 문제는 청중이 밖으로 나가고 싶어도 나갈 수 없다고 느낄 때 더욱 심한 것 같다. 아직도 많은 사람이 하늘이나 로마로부터 오는 권위에 매여 있고, 교회 고위 당국자로부터 한 주일에 한 시간 고통을 못 참으면 한 주일 내내 훨씬 더 큰 고통을 겪을 것이라는 암시를 받고 있는 듯하다. 결과적으로 설교자는 많은 사람에게 새롭지도 않고 좋지도 않은 '기쁜 소식'을 선포해야 하는 어려운 과제에 직면해 있다.

우리는 어떤 사람이 메시지에 대한 인간의 뿌리 깊은 혐오감을 제거할 수 있는가 하는 문제를 다루기 전에, 먼저 사람들을 고통스럽지만 해방시키는 통찰력에 이르지 못하게 하는 것은 메시지(message)가 아니라, 메시지 전달자(messenger)라는 것을 정직하게 고백해야 한다. 지금부터 메시지 전달자의 문제를 살펴보자.

2. 메시지 전달자의 문제

많은 설교자는 영원한 메시지를 이해하는 방식의 문제로, 청중에게 메시지에 대한 저항감을 해소시키기보다 증가시키는 경향이 있다. 많은 설교는 "듣기는 들어도 깨닫지 못할 것이요 보기는 보아도 알지 못하리라"(사 6:9)는 이사야의 예언에 해당되지 않을 길을 제공하지 못하고 있다. 메시지 전달자의 문제를 보다 더 잘 이해하기 위해 설교의 몇 가지 방식에 대해 자세히 살펴보자. 설교자가 청중의 공감보다 반감을 얻는 주요한 원인은 느낌의 부재와 신학적 관점에 대한 집착인 것 같다.

느낌의 부재

많은 설교가 검증되지 않은 주장을 제기하면서 시작하고 있다. 많은 설교자가 청중에게 전혀 생소한 느낌, 사상, 질문, 문제 등을 거리낌없이 쏟아놓는다.

어떤 설교자는 청중에게 왜 성령 강림절에 붉은 미사복을 입는지, 왜 교회력의 마지막 주일이 12월이 아닌지, 왜 사순절이 40일인지, 왜 만성절(All Souls Day)이 모든 성인들의 축일(All Saints Day) 직후에 오는지 질문하기도 한다. 사람들이 별로 주의를 기울이지도 않고 목사 자신도 어느 책에서 읽었는지 오락가락하는 문제들이다. 때때로 설교 전체가 일반 신자와 아무 상관이 없는 성직자의 감각으로 도배되어 있을 때도 있다. 나는 다음과 같이 시작되는 설교를 하나 기억하고 있다.

"우리는 오늘 우리 주 예수 그리스도의 승천을 축하하기 위해 이 자리에 모였습니다. 불과 몇 주일 전 우리의 마음은 주님 부활의 기쁨으로 가득 차 있었습니다만 벌써 사도들과 더불어 주님과 이별하는 슬픔을 맛보게 되었습니다. 그러나 우리는 실망할 필요가 없습니다. 예수님은 우리를 홀로 버려 두시지 않고 곧 성령을 보내실 것이기 때문입니다. 성령은 사도뿐 아니라 당신의 교회에 모여 있는 이 공동체에도 새 생명과 새 희망을 주실 것이 분명합니다."

설교자가 이 서론을 끝내기도 전에 듣는 사람의 마음이 이미 교회 문을 나가는 것은 당연한 일이다. 나는 이 설교를 듣던 날 커다란 교회에 불과 30여 명의 신자가 옹기종기 모여 앉아 있었던 광경을 기억한다. 내 생각에 그 자리에 있던 사람 중 어느 누구도 부활을 즐거워하거나 예수의 승천을 서운해했던 것 같지 않다. 그 교회 안에는 회중도 경축도 공동체도 절망도 없었고, 더욱이 애태우며 성령을 기다리는 사람도 없었다. 예수 승천 축일이라는 대축일에 의무적으로 예배에 참석하러 나온 신자밖에 없었다.

이보다 더 혐오감을 주는 것은 설교자가 청중의 감정을 정확히 이해하고 있는 듯이 말하는 경우다. 여기 좋은 예가 있다.

친애하는 형제 자매 여러분,

"우리는 지금 일의 노예, 팔목에 찬 시계의 희생물이 되어 가고 있습니다. 마치 생쥐가 달음박질하는 것처럼 여기저기 모임에 쫓아다니다 보니 조용한 가운데 말씀하시고, 기도 시간에 당신을 드러내 보이시는 하나님과 자꾸만 멀어져 가고 있습니다."

이 예는 그 설교자에 대해서는 많은 것을 말해 주고 있다. 그러나 한 주일을 퀴즈 풀이로 보낸 할머니, 운동장에서 막 뛰어온 소년, 토요일 한가한 시간을 도스토예프스키를 읽으면서 소일한 선생, 오후 한때 아이를 데리고 동물원에 가서 놀다 온 가정 주부는 어떻게 할 것인가? 청중의 일부는 "그렇다" 하며 공감할지 모르나, 대부분은 마치 생쥐의 달음박질이라는 말을 어색하게 느끼듯 설교를 생소하게 느낄 것이다. 청중이 이런 사실을 느끼지 못하고 지나갈 수도 있다. 그러나 그들은 무감각해지거나 적대감을 표현함으로써 설교자와 함께하지 않고 있다는 것을 드러낼 것이다.

신학적 관점에 대한 집착

두 번째 이보다 더 중요한 문제는 설교자의 신학적 편견의 문제다. 설교자는 최근에 읽은 책이나 사상에 너무 깊은 감명을 받은 나머지, 자기의 감동을 그대로 전하고 싶어한다. 그러나 실망스럽게도 설교자는 곧 청중이 칼 라너, 하비 콕스, 스킬레벡스에게 별로 흥미가 없다는 것을 발견한다. 왜 그럴까? 그것은 설교자의 신학적 견해가 부당하거나 무의미하기 때문이 아니다. 바로 설교자뿐만 아니라 청중도 그들 자신의 신학을 갖고 있기 때문이다.

어떤 신학생이 하나님 나라에 대해 설교해 달라는 부탁을 받았다. 그는 성경을 철두철미하게 연구하고 이 주제를 다룬 신간 서적을 탐독했다. 이제 그의 머리에 하나님 나라에 대한 개념이 잡히고 설교 준비도 끝나 갈 무렵, 그는 미리 그 교구에 사는 네 사람을 찾아가 그들이 하나님 나라를 어떻게 생각하고 있는지 들어 보라는 충고를 받았다.

그래서 그는 우선 기상학자를 찾아갔다. 기상학자는 일생을 책 속에 묻혀 살아온 사람이었고, 일기 예보가 다분히 사람을 속이고 있다고 생각하는 사람이었다. 그는 이렇게 대답했다. "하나님 나라는 곧 하나님의 약속이 실현되는 것입니다. 그러므로 인간은 하나님 나라가 어떻게 임할 것인가 하는 부질없는 호기심을 삼가야 합니다."

그 다음 그는 사업이 잘 안 되고 아내가 오랫동안 병들어 있는 한 상점 주인을 찾아갔다. 그는 이렇게 대답했다. "하나님 나라는 천국입니다. 나는 결국 천국에서 힘들고 고단한 내 평생에 대해 보상을 받을 것입니다."

상점 주인과 헤어진 후, 신학생은 부유한 농부와 만났다. 그는 건강한 아내와 튼튼하고 귀여운 두 명의 자녀를 두고 있었다. 농부는 이렇게 대답했다. "하나님 나라는 우리가 현재 누리는 행복한 생활을 계속 누리게 될 아름다운 정원입니다."

마지막으로 신학생은 사업을 배우고 자기 손으로 돈을 버는 데 자부심을 갖고 있는 노동자를 찾아갔다. 그는 이렇게 대답했다. "하나님 나라는 무지한 자들을 행복하게 해 주고 가난한 자들을 위로하기 위해 교회가 만들어 낸 그럴 듯한 발명품에 지나지 않습니다. 나는 나 자신을 돌볼 수 있고 또 좋은 직업이 있으니, 나에게는 하나님 나라가 필요 없습니다."

신학생이 네 사람을 만난 후 돌아와 설교 원고를 다시 읽었을 때, 그는 자기 생각이 불확실성 속에서 살아온 기상학자와 비슷하다는 것을 발견했다. 그러나 보상을 구하는 상점 주인과 그의 행복이 계속되기를 바라는 농부와 하나님 나라를 자기 사업 속에서 찾는 노동자는 그의 설교를 이해하지 못할 것 같았다. 그가 성경을 다시 연구했을 때, 그는 하나님 나라 안에 네 사람을 위한 자리가 모두 다 있다는 것을 발견했다.

설교자의 가장 큰 위험은 자기만 신학을 갖고 있다고 생각하고 청중을 자기 사고 방식대로 변화시켜야 한다고 믿는 것이다. 그러나 이런 태도를 통해 설교자는 자기 이웃을 자기 몸처럼 사랑하지 않고 있다는 것을 드러내고 있는 것이다. 그는 청중의 생각과 체험을 자신의 생각과 체험만큼 진지하게 받아들이지 않고 있다. 청중이 영문도 모른 채 설교자에 대해서 무관심과 반감을 느끼는 것은 바로 이런 이유 때문이다. 많은 시간을 들여 책을 읽고 공부하며 설교를 준비한 설교자는 아무도 하나님 말씀을 청종하지 않는 것을 보고 점점 더 환멸을 느끼기 시작한다.

그러나 설교자는 하나님 말씀이 그의 설교와 동일한 것이 아니라는 것을 잊은 것이다. 설교자가 공감하지 않는 청중에게 말하고 자기 자신의 신학에 집착해 있을 때, 메시지에 대한 반감은 감소되기는커녕 오히려 증대되기 마련이다.

여기서 설교자가 어떻게 이 문제를 극복할 것인가 하는 질문을 하게 된다. 그러나 이 질문 자체는 이미 방향을 잘못 잡고 있다. 왜냐하면 설교자의 문제를 해결할 도구나 방법이나 특별한 기술은 따로 없기 때문이다. 그러나 청중에게 통찰력을 주어 그들이 자유롭게 그리스도를 따르도록 돕기를 원하는 사람에게 희망이 하나 있다면, 그것은 '영성'의 문제요 삶의 방식의 문제일 것이다. 그러므로 이제부터 사람을 통찰력에 이르도록 도울 수 있는 사람에 대해 살펴보자.

● ● ● ● ●

3. 통찰력으로 인도하는 사람

모든 설교자의 과제는 인간이 자기가 되기 위한 투쟁을 돕는 것이다. 이것은 주로 그리스도에 대해서 이야기함으로써 이루어진다. 그리스도는 자신의 조건과 세상의 상황을 온몸으로 감당함으로써 사람들로 하여금 진정한 삶을 살도록 격려하신다.

설교자는 인간이 인간으로 형성되어 가는 고통스런 과정에서 장애물을 제거하는 소명을 지닌 사람이다. 이것은 매우 어려운 과제다. 무릇 인간은 자기 인생관에 해당되는 것이면 어떤 변화도 기피하려는 저항심을 갖고 있다. 우리는 일단 어느 신념을 갖게 되면, 그 소신이 빈약한 것이라 할지라도 그것을 고수하려고 한다. 이런 점에서 인간은 근본적으로 보수적이다. 인간은 자기에게 진정으로 고귀한 능력이 있다는 것을 끊임없이 무성하고, 안이하고 판에 박힌 생활 방식에 안주하려는 경향이 짙다. "젊어서는 네가 스스로 띠 띠고 원하는 곳으로 다녔거니와 늙어서는 네 팔을 벌리리니 남이 네게 띠 띠우고 원치 아니하는 곳으로 데려가리라"(요 21:18) 하신 그리스도의 말씀에 인간들은 여러 가지 술수를 써 가며 항거한다. 자기를 스스로 감당할 줄 아는 것이 성인이라고 생각하는 우리 사고 방식과 대조적으로, 그리스도는 팔을 벌리고 타인의 인도를 달갑게 받으려는 마음가짐이 성인의 표지라고 말씀하셨다.

따라서 인간이 성장해 나가는 과정에 걸림돌이 되는 것을 제거해 주고 사람들이 기꺼이 다른 사람으로 하여금 자기의 허리를 묶어 끌고 가게 내맡기도록 만드는 것은 큰 용기가 필요한 일이다.

설교자가 인간이 지속적으로 자기가 되기 위한 과정을 돕는 데 꼭 필요한 두 가지 요소가 있다. 그것은 대화(dialogue)와 허용성(availability)이다.

대화의 능력

여기서 대화는 각자 하고 싶은 말을 할 수 있는 대화체 설교나 공개 토론이나 사람을 이야기 속으로 끌어들이는 별다른 기술이 아니다. 그것은 설교자가 남녀 청중 속으로 접촉해 들어감으로써 자기가 한 말에 청중이 자기 체험을 가지고 응답할 수 있게 만드는 방법을 말한다. 그러므로 대화는 기교가 아니라 상대방이 서로 영향을 미치는 관계 속에 들어가려고 하는 설교자의 자세이다. 진실한 대화에서 설교자는 국외자가 될 수 없다. 설교자도 상처를 줄 수 있고 상처를 받을 수 있다. 그도 마땅히 인격적으로 대화 속에 온전히 관련되어야 한다. 그래야 대화가 농담이 아닌 내적 과정이 될 수 있다. 말하는 설교자와 듣는 청중 사이에 진정한 만남이 있을 때 진정한 대화가 이루어질 수 있다.

이런 대화가 이루어질 때, 청중은 자기가 진정으로 누구인지 깨닫게 된다. 왜냐하면 설교자의 말이 청중의 심금을 울리고 그들의 개인적 삶의 체험과 연결되기 때문이다. 설교자의 말이 청중들의 살과 피가 될 정도로 내심으로 파고들면 그들은 이렇게 말할 것이다. "당신이 큰 소리로 외치는 그것을 나는 어두운 데서 중얼거렸고, 당신은 그토록 확신을 가지고 이야기하는 것을 나는 지금까지 의심만 하고 있었습니다. 당신 손에는 그렇게 꽉 잡히는 것을 나는 항상 손가락 사이로 놓쳐버렸습니다. 그렇습니다. 당신이 하는 말은 인간의 깊은 체험에서 비롯된 것이기 때문에 나는 그 속에서 내 본연의 모습을 발견합니다. 그러므로 당신의 말은 곧 내 말이기도 합니다. 당신의 생각은 곧 내 생각입니다."

청중이 이런 말을 하게 될 때 비로소 진정한 대화가 이루어지는 것이다. 청중이 보다 순박한 사람이라면 "옳습니다. 바로 말씀하셨습니다. 아멘. 할렐루야."라고 말할 것이다. 이럴 때 인간은 참된 대화를 인식하고 진정한 자아를 긍정하며, 자기의 결함과 과오만 고백하는 것이 아니라 자신을 해방시켜 줄 능력 있는 하나님의 말씀이 자기에게 절실히 필요하다는 사실을 토로하게 된다.

그러나 청중이 자기 심중에 일어나고 있는 바를 깨닫지 못하거나, 자기가 원하고 느끼며 행하는 바가 무엇인가를 알지 못하면, 위로부터 내려오는 말씀이 그 사람의 심장 속으로 꿰뚫고 들어가지 못한다. 감정, 사상, 열망이 단단하고 지저분한 땅에 떨어지게 되면, 어떤 이슬도 결실을 맺을 수 없고, 어떤 구름도 의인 위에 내리지 못한다.

불안하고 완고한 사람도 누군가가 통찰과 이해를 제공해 주면 불안과 혼미에서 일어나 빛으로 통하는 길을 발견한다. 앞에서 말한 기상학자, 가게 주인, 농부, 노동자도 통찰과 이해를 얻으면, 설교자가 그들의 눈가리개를 치워 주었다는 것과 설교자가 바로 자신들의 이야기를 하고 있다는 것과 하나님의 말씀이 설교자만을 위한 것이 아니라는 것을 깨달을 것이다.

한 가지 좋은 예를 들어 보자. 1970년 4월 10일 코네티컷 주 뉴헤븐의 바텔 채플에서 윌리엄 코핀(William Coffin)은 '팬더 재판'이 진행되고 있는 동안 다음과 같이 설교를 시작했다.

> 오늘 이 곳에 모인 우리는 모두 진심으로 걱정하고 있습니다. '팬더 재판'은 이 곳 예일의 뉴헤븐 사회뿐만 아니라 점차 국가의 문제로 확대되고 있고, 우리 자신을 분열시키고 있습니다. 현재 우리 마음은 수천 갈래로 갈라져서 어떤 확신도 동정도 가질 수 없고 무슨 행동을 취할 수도 없는 처지입니다.

바로 이것이 대화이다. 코핀의 이야기를 들은 청중은 그렇다고 수긍하고, 그들의 무기력함을 절감하고, 무엇인가 행동해야겠다고 결단하게 되었다. 그 뒤의 말이 쉽게 효과를 거둘 수 있었던 것은 청중이 이미 설교자의 말을 들으려는 마음 자세를 지니고 있었기 때문이다. 그의 설교는 당연히 당시 뉴헤븐의 공포 분위기를 능동적으로 대처하는 데 지대한 공헌을 했다.

대화는 학교에서 배우는 특기나 기술이 아니라 삶의 방식일 뿐이다. 아무나 코핀 같은 탁월한 설교자를 흉내낼 수 있는 것이 아니다. 설교자가 엄밀한 의미에서 청중들에게 유익하게 되려고 부단히 노력하지 않으면, 대화는 역시 불가능하다. 그러므로 이제 나는 설교자의 영성의 핵심으로서 허용성에 대해서 언급하려 한다.

허용성

허용성은 모든 대화를 구속적 통찰로 이끄는 기본 조건이다. 그의 믿음과 의심, 불안과 희망, 두려움과 기쁨에 대한 이해를 다른 사람을 위한 인식의 자료로 사용하지 못하는 설교자는 하나님 말씀의 결실을 방해하는 많은 장애물을 제거할 수 없을 것이다.

이것은 곧 설교자 자신의 영성 문제와 연결된다. 다른 사람에게 허용할 수 있기 위해, 그는 먼저 자기 자신을 허용할 수 있어야 한다. 그리고 우리는 우리 자신을 허용하는 것과 자신의 체험을 마음껏 사용하도록 허용하는 것이 얼마나 어려운지 알고 있다. 우리는 우리의 자기 이해가 얼마나 선택적인지 알고 있다. 우리가 낙관론자라면 주로 우리의 인생에 대한 긍정적 시각을 강화시켜 주는 사건을 기억할 것이다. 비관론자라면 "오늘도 역시 나의 무능력이 새삼 증명된 날이군." 하고 중얼거릴 것이다. 그러나 그의 모든 경험을 자신의 것으로 허락하고 기쁨도 슬픔도 미움도 사랑도 모두 자신의 체험으로 수용할 수 있는 실재론자는 어디에 있는가?

 자기의 모든 경험을 자신에게 허용하지 않는 사람은 자기 자신과 세상에 대해 갖고 있는 이상에 맞는 경험만을 다른 사람에게 내놓는다. 이것이 바로 우리가 닫힌 마음이라고 부르는 것이다. 우리는 이 닫힌 마음 때문에 자신의 실재의 모습을 보지 못한다.

 참된 인도자가 되기를 원하는 설교자는 기도, 대화, 고독 속에서 얻은 삶의 경험을 모두 청중이 이용할 수 있게 허용해야 한다. 목회는 구원할 사람을 찾아서 초조하게 돌아다니거나, 최후의 마지막 순간에 인간을 구원하거나, 좋은 생각이나 지적인 언변이나 실용적 충고로 사람을 올바른 길로 인도하기 위해 분주하게 뛰어다니는 것이 아니다. 인간은 단 한 번에 구원받는다. 목회는 결국 자신의 삶의 체험을 이웃에게 보여 주는 것이며 폴 사이먼의 노래처럼 설교자 자신을 험한 세상의 다리로 내놓는 것을 의미한다.

 그렇다고 해서 목회자 개인의 걱정, 가족 문제, 어린 시절, 질병, 고민 등 자기 자신에 대해 말하라는 것은 아니다. 이런 이야기는 결코 허용성과 상관이 없다. 그것은 오히려 자기 도취에 빠져 넋두리를 늘어놓는 것이다. 설교자는 삶을 심층적으로 경험함으로써 기상학자, 가게 주인, 농부, 노동자로 하여금 어느 날 설교자가 그들 자신의 삶을 진정으로 건드리고 있고 하나님 말씀을 통해 구속 사역을 전개하고 있다는 것을 깨닫게 해야 한다.

칼 로저스(Carl Rogers)의 말대로 "가장 개인적인 것이 가장 보편적인 것이다." 토마스 오던(Thomas Oden)은 이 말을 다음과 같이 표현했다. "나는 여러 번 나에게 너무 사적이고 개인적인 감정들이라 다른 사람이 이해할 수 없으리라고 느꼈던 것들이 정확히 표현되기만 하면 청중에게 지속적으로 깊이 있게 공감을 일으키는 것을 보았다. 그래서 내가 가장 독특하고 개인적인 방법으로 경험한 것은, 잘 표현되기만 하면 다른 사람이 유사한 방법으로 깊이 있게 경험하게 된다는 것을 깨달았다.

어떤 사람이 자신에게 정직하고 다른 사람에게 자신의 삶의 경험을 인식의 자료로 제공할 수 있는 설교자의 말에 경청할 때, 그는 더 이상 자기 자신과 세계의 상황과 부딪치는 것을 두려워할 필요가 없다. 왜냐하면, 그 앞에 서 있는 설교자가 통찰력이 사람을 자유하게 한다는 것을 보여 주는 살아 있는 증인으로서 어떠한 새로운 불안감도 주지 않기 때문이다. 그래야 무관심과 적대감이 사라지고 하나님의 말씀이 옥토를 찾아 영혼에 뿌리를 내릴 수 있게 된다.

우리는 지금까지 어떻게 하면 자기 개방을 통해 새로운 통찰력을 제공하는 진정한 대화를 일으킬 수 있는지 살펴보았다. 이것은 반대받는 표적이자 인간의 마음을 꿰뚫는 칼이 되는 하나님의 말씀이 설교자의 살과 피가 되었을 때 비로소 다른 사람에게 도달될 수 있다는 것을 의미한다.

결론

나는 지금까지 많은 말을 했지만 모두 단 한 가지 사실 즉 설교자는 청중을 위하여 자기 생명을 기꺼이 바치는 사람이라는 것을 말하고자 했다. 하나님 말씀은 끊임없이 세상에 오지만 흔히 무관심과 적대감에 봉착하게 된다. 설교자는 이 장애물을 제거하고 인간을 자유롭게 만드는 진실한 통찰력으로 사람을 인도하라는 소명을 받은 사람이다.

설교자가 하나님 말씀에 장애가 되는 요소를 늘리지 말고 줄이려면 겸허하게 자신을 낮추고 기꺼이 자신의 고통과 희망을 청중에게 보여 주어야 한다. 청중은 좀 어렵기는 하지만 설교자의 고통과 희망을 보고서 자기의 희망과 고통을 찾아낸다. 이런 의미에서 참된 설교자라고 주장할 수 있는 사람은 없다. 오직 그리스도만이 참된 설교자다. 왜냐하면 그리스도만이 그의 생명을 온전히 다른 사람을 위해 내주심으로써 사랑하는 사람들과 충만한 대화에 들어가셨기 때문이다. 그러나 그의 죽음과 창에 찔린 옆구리에서 흘러 나오는 물과 피를 본 사람 중에서, 오직 몇몇 사람만이 무관심과 적대감을 버리고 "이 사람은 참으로 하나님의 아들이었도다"(마 27:54) 하는 자유의 통찰에 도달할 수 있었다.

진정한 설교는 설교할 때마다 십자가의 고난을 재현시킨다. 그 이유는 어떤 설교자도 스스로 십자가의 어둠 속으로 들어가지 않고는 인간에게 빛을 가져다 주지 못하기 때문이다. 아마도 설교 듣는 것이 자유 문명국의 사람에게 가장 참기 힘든 고통이라고 말한 안토니 트롤롭이 옳을지도 모르겠다.

그러나 이 사회가 진정으로 자유로운 문명국이 되기를 원한다면, 항상 설교의 고역을 감당하고 자신의 어둠을 통해 사람들을 하나님의 빛으로 인도하는 설교자가 있을 것이라는 것을 소망 속에 기대해 보자.

목회상담 …… 기술적 반응을 넘어서

능력과 관상

목회상담...기술적 반응을 넘어서

개인적 목회 상담과 교역자의 영성의 관계를 구체적으로 다루기 위해, 나는 스톤 메모리얼 병원에서 목회 실습을 하고 있는 마이클 스미스의 이야기로 이 글을 시작하고 싶다. 마이클은 어느 날 과장에게서 암에 걸린 커언 씨의 상태가 몹시 심각하니 한번 찾아가 보라는 권유를 받았다.

마이클은 인턴이 입는 옷과 비슷한 하얀 가운을 입고 병원 원목 이름표를 달고 커언 씨 병실로 들어갔다. 거기서 그들은 다음과 같은 대화를 나누었다.

커 언: 새로 오신 모양입니다. 전에 뵌 기억이 없는데요.
마이클: 네, 처음 뵙습니다. 좀 일찍 찾아왔어야 하는데 이

렇게 늦게 얼굴을 내밀어 죄송합니다. 저는 이 병원 원목 스미스입니다.

커 언: 찾아와 주셔서 고맙습니다.

마이클: 별다른 문제로 들른 것은 아니고 그저 인사나 나눌까 하고 들어왔습니다. 저희는 언제나 여러분 가까이 있습니다. 무슨 일이든 도와 드릴 일이 생기면 기쁘게 도와 드리겠습니다. 저희 사무실로 연락하시려면 구내 전화 2765번으로 하시면 됩니다. 혹시 관심을 가지실지 몰라 말씀드리는데 이 병원은 매주 일요일마다 교회 예배가 있고 가톨릭 신자들에게는 미사가 한 차례 있습니다.

커 언: 나는 유대인입니다.

마이클: 아 그러십니까? 그렇다면 랍비를 불러 드릴 수도 있습니다. 매일 병원에 오는 것은 아니지만 정기적으로 이 곳을 방문합니다.

커 언: 괜찮습니다. 그분에게 폐를 끼치고 싶지 않습니다. 다른 누구에게도 신세질 생각이 없습니다.

마이클: 편하신 대로 하세요. 그건 그렇고, 몸은 어떠십니까?

커 언: 죽지 못해 살고 있습니다. 치료를 받을 만큼 받았

는데도 차도가 없고 말로 표현할 수 없을 정도로 아픕니다. 말하는 것 자체가 고통입니다. 제발 혼자 있게 해 주실 수 없겠습니까?

마이클: 제가 마침 몸이 불편하실 때 들어왔군요. 제가 온 것이 괴로움을 끼치거나 상심시켜 드리지 않았어야 하는 건데. 하지만 앞으로 종종 찾아뵙고 어떻게 지내시는지 문안드릴까 합니다만 괜찮겠습니까?

커 언: 의사들에게 이야기했지만 내게 호의를 보이시려거든 제발 좀 혼자 있게 해 주시오. 그것이 내 소원입니다. 아내 외에는 가족도 찾아오지 못하게 하고 있습니다. 이 꼴을 보이고 싶지 않아서 딸도 못 오게 했습니다. 사람은 고집이 셉니다. 죽어 가는 동물도 구석으로 기어들어가서 혼자 죽을 수 있는데 나는 그러지도 못하고 있습니다. 제발 부탁이니 이제 돌아가시고 다시는 오지 마시오.

사무실로 돌아온 마이클은 그때 심정을 이렇게 기록해 두었다. "나는 낙담했다. 죄를 지은 기분이다. 마치 배를 발로 걷어차인 기분이다." [이 사례는 프린스턴 신학 대학교의 슈워드 힐트너

(Seward Hiltner) 박사의 허락을 받음]

고통스런 심방과 이에 대한 보다 더 고통스러운 반응은 목회 상담에서 반복적으로 제기되고 있는 다음과 같은 세 가지 질문을 일으킨다.

1. 마이클, 커언 씨를 방문한 당신은 누구인가?
2. 당신은 이 환자와 어떤 관계 맺기를 기대하는가?
3. 당신은 그를 위해 무엇을 해 줄 수 있다고 생각하는가?

이 세 가지 질문은 곧 목회자의 정체성, 목회 관계, 목회 방법을 묻는 질문이다. 최근 많은 교역자와 사제들이 동료의 개인적 문제에 대처하기 위해 특별한 교육을 받고 있다. 유능한 전문가의 지도를 받으면서 정신 역학, 심리 치료의의 새로운 발견을 동원하여 삶과 죽음의 의미 때문에 번민하고 있는 사람들에게 소기의 임무를 수행하고자 노력한다.

그러나 자기 정체성, 그들과의 인간 관계, 그들에게 줄 수 있는 도움 등을 중점적으로 살펴보는 동안, 많은 교역자와 목회자는 그들 자신의 개인적 삶이 굉장한 의미가 있다는 것을 깨닫기 시작한다.

나는 여기서 바로 이런 교역자의 영성 문제를 다루려고 한다.

1. 영성과 목회자의 정체성

마이클이 부딪혀야 하는 첫번째 질문은 "도대체 나는 누구인가?" 하는 것이다. 그는 커언 씨의 암을 치료하는 병원의 의료진에 속한 자도 아니고, 그 사람의 근심 걱정을 해결해 줄 수 있는 심리학자도 아니며, 그의 아내와 딸을 어떻게 도울 수 있는지 알 수 있는 사회 사업가도 아니다. 그러면 그의 전문 분야와 그만이 기여할 수 있는 부분과 그만이 할 수 있는 기술은 무엇인가?

이 질문은 직업이 전문화되고 전문직이 또다시 세분되어 가는 사회에서 매우 현실적인 문제다. 목회자가 의사, 심리학자, 사회 사업가, 간호사 역할을 한꺼번에 감당하고, 사회의 잡역부 노릇을 하면서도 학식과 지혜의 첨단을 걷던 시대가 있었다. 그러나 오늘의 교역자는 대부분 자신이 다방면에 걸친 아마추어는 되지만 어느 분야에서도 프로가 아니라고 느끼고 있다.

따라서 그들은 이 혼돈 속에서 때로는 큰 불만을 느끼고 자존심에 상처를 입고 자기가 배운 신학으로 효과적으로 사람들을 도와 줄 수 있는지 의심한다. 목회자의 정체성에는 주의를 요하는 두 가지 측면이 있는 것 같다.

자기 긍정

커언 씨를 문병한 뒤 마이클은 실망과 죄책감을 느꼈다. 그는 도움을 청하지도 찾아와 달라고 부탁하지도 않은 사람에게 억지를 부렸고 목회자로서 완전히 실패했다고 느꼈다.

이런 감정이 앞서면 어떤 교역자도 창의적이고 의미 있는 삶을 살 수 없다. 자신이 주변 사람에게 특별한 보탬이 되지 못하고 있다는 생각을 하는 사람, 자기가 삶의 중심이 아니라 장식품이며, 꼭 필요한 인간이 아니라 잉여 인간이라고 생각하는 사람은 결국 풀이 죽고 냉담해지고 침체되고 혐오감을 느끼기 쉽다. 그렇지 않으면 목회를 그만두고 평소에 '진짜' 전문직이라고 생각하던 직업으로 옮기게 된다.

그러나 문제는 커언 씨와 그와 유사한 수많은 사람을 어느 분야로 분류하느냐 하는 것이다. 죽어 가면서도 자녀를 보기 싫어하는 사람, 제 고통을 덜어 주려고 애쓰는 의사에게 저주를 퍼붓는 사람, 골방에서 짐승처럼 끙끙대다 죽는 것이 소원이요, 그가 자기 생명을 좌우할 수 없다는 것을 감추려고 하는 사람은 도대체 어떤 상태에 있는 것일까? 왜 인간이 태어나고, 스스로 서는 법을 익히고, 다른 인간에게 집착하고, 후손을 낳고, 그들에게 자기가 이루지 못한 일을 다시 계승시키는가 하는 질문은 의약품과 심리학, 정신 의학과 사회 사업으로 해결할 수 없는 문제다. 인간이 자기 생활 영역 전반에 의미를 부여하지 못하거나 인생을 기한이 정해진 현실로 받아들이지 않으면, 그는 인간다운 죽음을 맞지 못하고 동물처럼 죽게 마련이다. 커언 씨가 입원한 병동의 과장이 마이클에게 환자를 만나 보라고 당부한 것은 아주 타당한 일이다. 그도 마이클이 환자를 치료할 수 없으리라는 것은 알고 있었다.

그러나 그는 막연하게나마 죽는 것과 놓치는 것, 생명을 바치는 것과 희망 없는 전장에서 생명을 포기하는 것, 죽음의 순간에 비쳐 오는 빛에 도달하는 것과 그 빛을 외면한 채 절망의 계곡에 몸을 던지는 것 사이에는 큰 차이가 있음을 깨닫고 있었던 사람이다.

마이클이 커언 씨의 죽음을 인간적 복종의 행위로 만들지 못할 수도 있다. 삶의 시각은 한 시간 안에 변화되지 않는 법이기 때문이다. 그러나 마이클은 적어도 그에게 커언 씨의 생명을 구원할 사명이 있다는 것을 깨달아야 한다. 그에게 희망을 주고, 증오를 사랑으로 바꾸고, 죽음을 궁극적 선물로 만들고, 커언 씨의 아내와 자녀가 먼저 충만한 빛 속으로 들어가는 남편 또는 아버지의 눈에 비치는 그 빛을 보고 기운을 되찾게 해 주는 사명 말이다.

교역자가 다른 사람으로 하여금 생의 조건을 현실 그대로 두려움 없이 부딪힐 수 있게 할 수 있는 능력이 있다는 것을 깨닫는다면, 그는 자신이 현실에서 소외된 인간이라고 한탄하는 일은 없을 것이다. 그는 삶의 중심 가운데 자리잡고 있는 것이다. 의사는 환자가 살겠다는 의욕이 없을 때 수술하는 것이 대단히 위험하다는 것을 알고 있고, 심리학자는 인간이 서로 상처 주고 치유하는 동기 부여에 대해 많은 통찰력을 갖고 있음에도 불구하고 삶과 죽음에 의미를 줄 수 없다는 것을 솔직히 인정하고 있다. 사회학자는 사회의 변화의 방향이 모호할 때, 어떤 사회 구조의 변화도 의미가 없다는 것을 알고 있다. 인간이 자기 존재의 의미를 모르면, 그는 방향 감각을 잃고, 눈앞의 욕구만 채우고, 환각, 성, 마약 등으로 도피하다가 결국 자살에 이르게 된다.

개인적 목회는 여러 가지 면에서 가장 절실히 요청되는 돌봄이다. 그러므로 목회 훈련은 사람의 질문에 귀를 기울이고 자기가 생각하는 것보다 사람들이 실제로 자기를 더 필요로 하고 있다는 사실을 깨닫게 해 주는 교육 과정이 되어야 한다. 많은 사람은 아직도 다음과 같은 질문을 하고 있다.

어쨌든 이 모든 것은 도대체 무엇에 관한 것인가? 우리는 왜 먹고 마시고 일하고 놀고 돈을 벌고 자녀를 키우고, 끝없이 연속되는 좌절과 투쟁해야 하는가? "모든 사람이 죽기로 예정되고 태어나는 세상에서 도대체 무슨 행복이 있을 수 있는가?"

교역자가 부름받은 소명은 바로 이런 영역이다. 그가 자기 앞에 던져진 현실적인 질문을 알아차린다면, 그는 삶의 중심을 건드릴 수 있다는 것을 인식할 것이다. 그렇게 되면 낮은 자존감을 버리고, 자기가 이웃의 삶을 긍정함으로써 실제로 자기 자신의 교역자의 정체성을 긍정하고 있다는 것을 발견할 것이다.

자기 부정

그러나 교역자가 신념과 긍지를 느꼈다고 생각하는 순간, 그리스도의 다음 말씀이 마음에 들린다. "누구든지 나를 따라오려거든 자기를 부인하고 자기 십자가를 지고 나를 좇을 것이니라 누구든지 제 목숨을 구원코자 하면 잃을 것이요 누구든지 나를 위하여 제 목숨을 잃으면 찾으리라"(마 16:24-25). 이보다도 더 믿기 힘든 말씀은 다음과 같은 바울의 말이다. "이제는 내가 사는 것이 아니라 그리스도가 내 안에서 사시는 것이라"(갈 2:20). 교역자가 자기를 타인에게 기여하는 인간으로서만이 아니라 생의 핵심 문제를 다루는 자로 인식하자마자, 자기를 긍정하고 자기 소망이 성취되고 생의 갈망이 실현되는 것을 느끼자마자, 그는 자기를 부정하고 자기를 종으로 낮추며 말석에 있는 무익한 종으로 여기라는 말씀을 받게 된다.

마이클이 인턴처럼 하얀 가운을 입은 것은 자기도 의료진의 일원으로 간주되고 싶은 마음의 표현일 것이다. 그러나 그는 실제로 병원에 소속된 사람이 아니므로 어떤 직분이나 직책을 갖고 있지는 않았다. 확실히 그가 커언 씨를 찾아간 것은 그를 치료해 주기 위해서가 아니었다. 그는 어느 모로 보나 이방인이었다. 그는 병에 걸린 그 사람만 알 뿐, 병에 대해서 아는 바가 거의 없었다. 따라서 그가 흰색 가운을 입은 것은 어떤 의료 도구나 전문 기술이 없음을 보이기 싫어한 증거다. 그는 커언 씨의 암 치료에 아무런 도움이 될 수는 없지만 커언 씨가 살고 죽는 방식에 관심이 많다는 것을 알리기 위해 병원 당국의 승인을 얻어 외부에서 들어온 사람이라는 것이다.

많은 교역자와 목사가 유능한 전문가의 대열에 끼이고 싶어하고 한계가 명확한 직책을 맡는 데 대단한 관심을 가지고 있다. 그러면 과연 전문직에서 오는 자기 만족이 그토록 중요한 것인가? 프로이드, 융, 칼 로저스, 빅터 프랭클 등에게 영향을 받아서인지, 교역자도 "나는 어떻게 한 직업인으로서뿐만 아니라 한 개인으로서 진정한 자아를 실현할 수 있을 것인가?" 하는 질문을 하고 있다. 오늘날 민감성 훈련을 신청한 교역자의 대기 명단은 트라피스트 수도원을 찾는 숙박자의 명부보다 긴 것 같다. 그러나 과연 자아를 최고로 실현시키고 우리가 가장 의미 있고 아름답고 진지한 체험이라고 여기는 상황을 조성하는 것이 우리의 소명인가?

토마스 머튼(Thomas Merton)은 그의 책에서 이런 말을 했다.

> "우리는 보통 우리 자신을 특별하고 독특한 경험을 위한 잠재적 주체로 여기거나 실현과 완성과 성취를 이룰 만한 사람으로 여기고 있다. 그러나 이제 이런 자신에 대한 일상적 개념과 거리를 두는 것이 정말로 중요한 문제가 되고 있다."

커언 씨가 마이클의 방문으로 도움을 받는다면, 그것은 그가 학식이 많고 인생 문제에 후련한 해답을 들려 줄 수 있는 사람이기 때문이 아니다. 오히려 그가 무장을 풀고 자기를 비움으로써 무엇인가 이야기할 자유를 주기 때문이다. 자기의 병과 그의 문제와 현재의 걱정뿐만 아니라 그가 왜 그런 삶을 살았고, 지금 어떻게 죽음과 대면하고 있는지 이야기할 수 있는 것이다.

교역자가 기꺼이 자기를 부정하여 하나님이 구속 사역을 이루실 공간을 마련하지 않으려고 할 때, 그는 결코 동료 인간을 도울 수 없다. 자기 일에 전념하고 있는 자가 어떻게 다른 사람을 도울 수 있겠는가? 우리가 일에 정신을 쏟는 한, 정신 집중이 되지 않는다. 잠드는 것은 실제로 마음을 집중하려는 것을 포기하는 것을 의미한다. 인간은 잠시나마 자기 일을 잊을 때 비로소 타인에게 실제로 관심을 갖고 다른 사람의 관심사 안으로 들어간다.

그래서 자기 긍정과 자기 부정은 둘 다 교역자의 정체성의 일부다. 그러면 이 두 가지 측면은 서로 대치되는 것일까? 선불교의 전통을 새로이 이해하게 됨에 따라, 우리는 자기 비움의 사상보다 자기 완성의 사상에 더 친숙하다는 것을 알게 되었다. 네덜란드의 심리학자인 포트만(H. Fortmann)은 눈앞에 다가오는 자신의 죽음을 기다리면서 이런 글을 남겼다.

> "서방 종교의 문제는 자아의 팽창과 연결되어 있음이 분명하다. 우리는 자기를 풀고 자기를 비우는 경배의 과정에 의해서만 도달될 수 있는 종류의 지식이 있다는 지각을 상실했다."

동방과 서방의 대화가 특별히 젊은이들 사이에서 일어난 이래로, 우리는 인간에게 두 가지 형태의 의식이 있다는 사실을 깨닫게 되었다. 하나는 "너 자신이 되라. 그러면 창조적으로 살 수 있다."는 것이고, 다른 하나는 "너 자신을 버려라. 그러면 하나님이 네 안에서 이루실 것이다." 하는 것이다. 전자는 개별성을 강조하고, 후자는 일치를 강조한다.

최근 목회 교육은 서구의 행동주의 과학의 강력한 영향을 받고 있다. 그래서 자아와 개체의 독창성이 강조되게 되었다. 목회에서 이처럼 전문성이 추구된 것도 바로 행동주의 사고 때문이다. 그러나 이 시대의 표징을 올바로 분별한다면, 동방에서 온 현자들이 참으로 그리스도를 경배하는 사람에 속한 것 같고, 헤르만 헤세가 아름답게 묘사한 고타마 싯다르타의 길이 미래의 목회자에게 좋은 가르침을 주고 있는 것 같다. 만일 목회자의 자아의 팽창이 하나님과의 신비한 일치를 방해한다면, 어느 목회자도 한 인간이 죽음을 최종적 복종의 행위로 만드는 것을 도울 수 없을 것이다.

그러나 자기 긍정과 자기 비움은 서로 대립된 것이 아니다. 왜냐하면, 인간은 그가 갖지 않은 것을 줄 수 없기 때문이다. 인간이 자기 자신을 의식하지 않으면 사랑으로 자기를 내주지 못한다. 인간은 자기 정체를 모르면 타인과 교제하지 못한다. 예수님은 30년을 평범한 가정에서 보내셨다. 그분은 거기서 당신이 누구이고 어디로 가야 하는지 아는 사람이 되셨다. 그 후 그분은 자기를 버리고 다른 사람을 위하여 자기 생명을 바치셨다. 이것이 교역자의 길이다. 교역자는 지루하고 고통스러운 형성과 훈련을 통해 삶 속에서 자기 자리를 찾고 자기가 기여할 바를 발견하고 자아를 긍정하되, 너무 그것에 집착하지도 그것을 그의 독특한 자산으로 주장하지도 말아야 한다. 오히려 거기서 벗어나서 다른 사람에게 자기를 내주고 하나님이 자기를 통해 말씀하시며 인간을 새로운 생명으로 불러들이실 수 있도록 자기를 비워야 마땅하다.

목회자의 정체성은 자기 긍정과 자기 부정, 자기 실현과 자기 비움 사이에서 일어나는 보이지 않는 긴장으로부터 얻어진다. 일생 동안 목회하다 보면, 전자가 더 강조되는 기간이 있고 때로는 후자가 더 강조되기도 한다. 그러나 일반적으로 인간이 성숙할수록 자기 허리띠를 띠는 일에 대한 근심을 버리고 아무런 애착 없이 손을 내밀어 다른 사람에게 맡기며, 자기 생명을 버림으로써 다시 찾으신 주님을 뒤따르게 된다.

2. 영성과 목회적 관계

이렇듯 우리는 다른 사람에게 봉사하기 위하여 자기를 부정해야 한다. 그런데 자기 부정은 목회자의 정체성뿐만 아니라 목회적 인간 관계에서도 본질적인 것이다. 마이클이 더불어 함께 일하는 여러 전문가 사이에서 자신의 역할을 잘 확정했다고 하더라도 역시 문제는 남는다. 마이클이 커언 씨와 무슨 관계가 있느냐 하는 것이다. 커언 씨가 그를 부르지 않았다는 것은 분명하다. 그러면 왜 그가 생면부지의 사람이 있는 방에 들어가지 않으면 안 되었던 것일까? 단순히 과장이 커언 씨의 상태를 알고 싶어했기 때문일까? 의사가 환자 방에 들어가는 것은 당연한 일이다.

그러나 커언 씨는 입원하면서 단 한 번도 만나 본 적이 없는 종교인의 방문을 예상하지 못했을 것이다. 마이클도 그 사실을 알았다. 그래서 커언 씨에게 그가 누구이며 그를 어디서 찾을 수 있는지 말해 주었다. 그리고 병원에는 목사, 사제, 랍비 등 세 종교 기관에서 나온 교역자들이 일하고 있고, 언제든지 그들에게 도움을 받을 수 있다고 설명해 주었다. 물론 커언 씨가 그런 호의를 모두 거절함으로써 이야기는 거기서 끝난 것이다. 그러나 마이클은 개의치 않고 그의 건강 문제로 화제를 돌렸다.

그런데 우리는 여기서 목회적 인간 관계의 특수성을 이해하기 위하여 먼저 계약(contract) 개념과 언약(covenant) 개념을 명확히 구분지을 필요가 있다.

계약

직업상의 관계는 계약이 분명하지 못해서 실패로 끝나는 일이 많다. 두 사람이 서로 만나기로 약속을 했다면, '공식적' 계약을 체결한 것이다. 한편이 도움을 청하고 다른 편이 도움을 준다면, 문제가 있어서 만나는 '비공식적' 계약에 해당된다. 그러나 종종 항상 분명하게 드러나지 않는 '은밀한' 계약도 있다. 우리는 때때로 충고를 구하다가 설교를 듣게 되고, 속 얘기를 하려다가 상대방의 이야기만 듣게 되고, 어떤 정보를 구하다가 "글쎄요" 하는 말밖에 듣지 못하고 만다. 두 사람 사이의 목회적 관계에서도 서로 기대하는 것이 다를 때가 많다. 마이클이 배를 걷어차인 기분이 들 정도로 낭패를 본 것도 커언 씨가 자기의 도움을 고마워할 것이라는 잘못된 기대와 관계가 있다. 커언 씨의 반응은 분명 아주 예외적인 것이었다. 그러나 많은 목회자가 계약이 불분명하기 때문에 목회적 상담에서 언짢은 일을 겪는다. 나는 어떤 부인이 자기 목사와 이야기하는 것을 들은 적이 있다. "아들놈이 교회에 오지 않으려고 합니다. 제가 무엇을 해야 할까요?"; "당신은 이 새로운 상황에 어떻게 반응해야 하는지 모르고 있군요, 그렇죠?", "네, 그것이 내가 말하려고 하는 것입니다만, 그러나 내가 알고 싶은 것은 무엇을 해야 하는가 하는 것입니다."

여기서 부인은 직접적인 조언을 원하는데, 목사는 상담을 시작하고 있다. 물론 그 결과는 뻔한 것이었다. 부인은 불만을 해소시키지 못한 채 돌아갔고, 목사는 아무런 소득이 없었다고 느꼈다.

사람은 지지, 조언, 가르침, 교정, 감정 확인, 또는 경청 등 여러 가지 방법으로 도움을 받을 수 있다. 그러나 그들이 기대했던 것과 다른 도움을 받으면 아무런 도움이 되지 않는다. 따라서 목회자가 우선적으로 해야 할 일은 그가 진실로 무엇을 원하고 있는지 스스로 깨닫도록 해 주고 목회자가 그것을 줄 수 있는지 알게 하는 것이다.

은밀한 계약이 계속 분명하지 않은 상태로 이어지면, 불필요한 실망이 발생할 가능성이 증가하기 마련이다. 목회자는 목회 상담이라는 인간 관계의 한 가지 모델에 너무 집착하는 경향이 있다. 목회 상담은 목회자가 교인으로 하여금 자기 느낌을 분명히 하고 스스로 길을 찾도록 격려하는 것이다. 이것은 종종 목회자의 준비와 특별한 기술을 필요로 하고, 교인의 특별한 태도를 전제로 한다. 그러나 이런 종류의 계약은 흔한 경우가 아니다. 보통 목회자의 민감성에 따라 우연히 잠깐 만나서 대화하는 일이 대부분이다. 어떤 목회자는 그들이 언제나 바쁘게 돌아다니지만 아무것도 성취하지 못하고 있다고 말한다. 물론 계획이 불충분하기 때문일 수도 있다. 그러나 목회자가 진정으로 자신의 정체성을 발견할 때, 그는 자기가 많은 사람과 여러 가지 방법으로 관계를 맺고 있다는 것을 발견하게 된다. 사실 목회자는 바로 이런 다양한 인간 관계 때문에 여러 형태와 다양한 가능성을 가진 사역을 실행할 수 있는 것이다. 이런 시각에서 볼 때, 한 가지 전문 분야만을 가지고 한 가지 인간 관계에 자신을 한정시키는 것은 덕목이 아니라 현실 도피에 해당된다. 다양한 형태의 사역이 심리적으로 좌절감을 주는 것도 사실이지만, 이것은 목회의 필수적 요소이고, 다른 전문직의 계약 방식을 넘어서는 별도의 인간 관계를 지시해 주고 있는 것이다. 이제 목회의 계약적 인간 관계를 교정해 주는 언약의 개념을 살펴보자.

언약

계약은 주로 경제 용어이지만 인간 관계 영역에서 아주 유력한 개념이 되었다. 공식적 계약, 비공식적 계약, 은밀한 계약 사이의 구분은 많은 직업적 인간 관계의 실패를 정확하게 규명하는 데 도움을 준다. 또한 교역자가 인간 관계에서 예상되는 가능성뿐만 아니라 문제점을 더 잘 이해하게 해 주고 있다.

자기 긍정이 교역자의 정체성의 유일한 측면이 아니듯이, 계약은 목회적 인간 관계를 규정하는 유일한 개념이 아니다. 마이클이 요청받지 않고도 커언 씨를 보러 갔듯이, 많은 교역자와 목사가 아무도 기다리지 않는 집의 문을 두드리고 초인종을 누르고 집을 기웃거린다. 어떤 의사도 가가호호 방문하며 환자를 찾지 않고, 어떤 심리학자도 감정상의 문제로 고민하는 사람이 있는지 찾아 나서지 않는다. 그러나 목회자는 솔선해서 주도적으로 나서고, "때를 얻든지 못 얻든지 항상 말씀을 전하기를"(딤후 4:2) 원하는 적극적 실행자로 간주될 수 있다.

계약이란 용어가 목회적 관계를 제대로 표현할 수 없다는 사실은 목회자가 그의 인간 관계를 직업적 관계로 생각하고 싶어한다 하더라도 그의 직업이 일반 직업과 다른 종류의 직업이라는 사실을 보여 준다. 목회 관계를 나타내는 성경의 용어는 언약이다. 여호와는 당신 백성과 계약을 맺으신 것이 아니라 언약을 체결하셨다. 계약은 한쪽이 이행하지 않으면 무효이다. 환자가 의사에게 치료비를 내지 않으면 의사는 그 환자를 치료해 주지 않고 다른 환자에게 눈을 돌린다. 어떤 사람이 심리학자와의 약속을 어겼을 때, 심리학자는 그를 방문해 왜 오지 않았느냐고 물을 의무가 없다. 실제로 심리 치료사를 가리켜 한 시간에 25달러를 주면 친구가 되어 주겠다고 말하는 사람이라고 하는 냉소적 유머가 있다.

그러나 여호와는 말씀하신다. "여인이 어찌 그 젖 먹는 자식을 잊겠으며 자기 태에서 난 아들을 긍휼히 여기지 않겠느냐 그들은 혹시 잊을지라도 나는 너를 잊지 아니할 것이라"(사 49:15). 그리고 이 언약을 이해하는 자는 이렇게 대답한다. "내 부모가 나를 버리는 한이 있을지라도 여호와께서는 나를 거두어 주실 것입니다"(시 27:10). 결국 목회 관계의 근거는 직업적 계약이 아니라 하나님의 언약이다. 언약에는 신실함 이외에 다른 조건이 없다. 언약은 무조건적으로 섬기겠다는 헌신이다.

이것은 아마도 하나님의 언약이 이 세상에서 드러나기를 원하는 모든 사람에게 가장 큰 도전일 것이다. 자신의 선한 봉사에 보답을 기대하지 않는 사람이 있을까? 목회자는 면담 후에 돈을 요구하지 않을 것이다. 우리는 작은 크리스마스 선물이나 감사의 말 한 마디를 기대하지 않을 수도 있다. 그러나 우리가 과연 작은 대가를 바라는 마음에서 자유로울 수 있을까? 내 친구 목회자는 암스테르담에서 바텐더가 되기로 결정했다. 어느 날 그 친구가 나에게 이런 말을 했다. "나는 목회자란 말을 듣고 싶지 않아. 대가를 바라며 사랑을 파는 영적 매춘부 같은 목사를 너무 많이 보았어. 만일 나의 인간 관계가 그가 술을 먹지 않고 마약을 끊고 절제하고 긴 머리를 자르고 궁궐이나 교회나 시청에 가야 한다는 미묘한 압력에 좌우된다면, 나는 아직도 진정으로 그와 함께 하는 것이 아니라 나 자신의 편견과 가치관과 기대를 따르는 것이지. 이것은 나 자신을 매춘부로 만들고 내 동료 인간을 나의 영적 지배의 희생자로 만드는 거야." 많은 교역자가 교인이 감사의 말도 없고 변화도 없다고 불평한다. 가르치고 설교하고 상담하고 사회 사업을 벌이고 예배를 인도하며 여러 해를 보냈어도 교인은 냉담하고 교회는 권위적이고 사회는 여전히 부패해 있다는 것이다. 그러나 만일 우리의 감사가 가시적 변화에서 오는 것이라면, 우리는 하나님을 사업가로 우리 자신을 외판원으로 만드는 것이다.

마이클은 돕고 싶다고 말했으나 감사의 말을 듣지 못했다. 그러나 커언 씨가 "더 이상 말하고 싶지 않습니다." 했어도 그는 "가끔 들러 인사나 하고 상태가 어떤지 알아볼 수 있을는지요?"라고 말했다. 이런 마이클의 반응은 감사를 구하는 사람에게는 이해가 되지 않는 것이다. 그러나 우리는 마이클의 어색하고 서툰 접근 속에서 하나님의 신실하심을 발견할 수 있다. 하나님의 신실하심은 이해가 되지 않는 것이기 때문에 공감뿐만 아니라 짜증을 불러일으킬 수 있는 것이지만 말이다.

이처럼 목회적 관계는 직업상의 계약 논리로 완전히 이해될 수 없다. 인간은 누구나 보답을 바라고 성공을 갈망하고 변화가 일어나기를 기대한다.

교역자도 마찬가지다. 그러나 하나님은 우리에게 계약이 아니라 언약을 제공하고 계시고, 이 세상에서 하나님의 언약을 드러내기를 원하는 사람으로 하여금 인간적 성공을 사랑의 기준으로 삼지 말도록 도전하신다.

● • ● • ●

3. 영성과 목회적 접근 방법

교역자의 정체성이 자기 긍정과 자기 부정 사이의 창조적 긴장 속에서 발견되고, 목회적 관계의 본성이 직업적 계약의 징표를 넘어 하나님의 언약에 궁극적 기초를 두는 것이라면, 그 다음 문제는 목회적 접근 방법에 대한 것이다. 교역자나 목회자가 도움을 청하는 사람과 일 대 일의 관계를 맺을 때, 어떻게 특별하게 행동해야 할까?

마이클은 커언 씨의 방에 들어갔을 때 무엇을 해야 했었나? 그가 병원이 제공하는 여러 가지 서비스에 대해 말한 것이 잘못이었을까? 그는 다르게 행동하고, 다른 이야기를 하거나, 어쩌면 아무 말도 하지 말아야 했을까? 커언 씨가 말하고 싶지 않다고 했을 때, 그러면 앞으로 어떻게 할 것이냐고 물어 보아야 했을까? 이런 것이 아마도 마이클이 지도 교수에게 물어 본 질문일 것이다. 그는 "네, 참 난감했습니다. 죄책감마저 느꼈어요. 그러나 제가 그 때 어떻게 행동하고 무슨 말을 해야 했을까요?" 하고 말했을 것이다.

많은 교역자와 목회자가 최근에 개인적 목회 관계에서 능숙해지기 위해 특별한 훈련을 받고 있다. 목회 훈련 센터의 숫자가 현저하게 증가하고 있다. 이것은 "어떻게 해야 하는가?" 하는 질문에 대답을 찾고 싶은 갈망이 크다는 증거다. 어떻게 하면 학생과 보다 나은 대화를 나눌 수 있는가? 어떻게 하면 위기 상황에 있는 사람을 도울 수 있는가? 어떻게 하면 히피나 급진적 젊은이에게 접근할 수 있는가? 어떻게 하면 혼돈 속에 있는 십대와 반항적인 청소년과 의미 있는 접촉을 가질 수 있는가? 어떻게 하면 죽어 가는 환자를 도울 수 있는가? 이것은 어떻게 처리하고 저것은 어떻게 처리하면 좋은가?

나는 때때로 우리가 어떻게 하면 어린아이에게 쓴 알약을 먹일 수 있을까 고민하는 나이 든 의사처럼 느껴질 때가 있다. 약에 설탕을 바르고, 옆에서 음악을 틀어 주고, 인형극에 정신이 팔리게 해야 할까? 그러나 그렇게 해서 알약이 목구멍에 넘어가겠는가? 목회자는 흔히 자기가 당면하는 긴박한 문제의 해답을 행동주의 과학의 권위자에게서 찾으려 한다. 실제로 많은 목회자가 심리학자, 사회 사업가, 상담가, 감수성 훈련가의 기술에 감탄하며 돈을 주고 그들의 지식을 배우고 있다.

나는 사회 과학이 목회자에게 큰 도움이 된다는 것을 부정하고 싶지 않다. 목회 영역에서 목회자와 사회 사업가, 사회학자, 심리학자, 정신 병리학자가 함께 대화를 나누는 일은 매우 바람직하다. 그러나 나는 목회 활동에는 행동주의 과학과 전문적 기술을 초월하는 독특한 영역이 있다고 생각한다.

먼저 여러 가지 목회 훈련 형태 중에서 목회 보고서 작성에 대해 살펴보자.

목회자가 훈련받을 때 배워야 할 가장 중요한 것 중의 하나는 자기 경험을 기록하는 것이다. "임상 목회 교육"(Clinical Pastoral Education) 운동의 총무 찰스 홀(Charles Hall)은 어느 날 이렇게 말했다. "말할 가치가 있는 것은 기록해 둘 가치가 있다." 만일 마이클이 그 씁쓸한 목회적 경험을 기록해 두지 않았다면, 그 체험에서 별로 배우지 못했을 것이다. 그러면 거기서 무엇이 배울 만한 것이었나? 이 문제에 대답하기 위해 나는 두 가지 용어, 즉 역할 규정(Role Definition)과, 관상(Contemplation)이라는 말을 사용하고 싶다.

역할 규정

교역자가 글을 쓰는 데 익숙하지 않다는 것은 널리 알려진 사실이다. 물론 "이 교회에서 일어난 일을 기록하자면 넉넉히 책 한 권은 되고도 남지." 하고 자랑하지만, 실제로 책을 쓰는 교역자는 거의 없다. 의사는 진찰 보고서를 쓰고, 심리학자는 테스트 보고서를 적고, 사회 사업가는 활동 보고서를 작성한다. 그러나 대부분의 목회자는 자기 역할을 규정하는 활용할 어떤 문서도 갖고 있지 않다. '임상 목회 교육'의 개척자 가운데 한 사람인 러셀 딕스(Russel Dicks)는 이렇게 말했다. "목회자가 교인과의 일을 기록에 남기는 방법을 강구하지 않는 한, 그는 자신을 인간의 인격적 영역에서 활동하는 전문가 중 한 사람으로 주장할 권리가 없다."

교역자는 목회 활동 보고서를 연구함으로써, 자신의 체험을 명확히 할 수 있다. 그는 또한 그의 목회 사역에서 무슨 일이 일어났는지 정확히 알 수 있는 구체적 방법을 갖게 되고, 목회 활동의 대안적 방법을 현실적으로 생각할 기회를 얻게 된다. 이런 식으로 교역자는 무엇이 일어나고 있고 무엇을 행해야 하는지 규정할 수 있다. 마이클이 커언 씨 심방 보고서를 보았을 때, 그는 너무 긴장한 나머지 구체적 사실 확인에 치중하고 여행사 직원처럼 행동했다는 것을 깨달았다. 이외에도 커언 씨를 찾아가기 전에 의사나 간호사에게 그 사람의 신앙, 육체, 심리 상태 등을 물어 보았으면 훨씬 덜 힘들었을 것이다. 하얀 가운을 입은 것도 의사처럼 보이게 만들어서 한 층 더 혐오를 불러일으킨 것 같았다. 그는 이런 상황에서 자기 상황을 직면할 능력이 없고 다른 사람의 도움도 받아들일 수 없고 극단적 적의와 원한을 품고 있는 사람과 관계를 맺을 수 있는 다른 방법을 생각할 수 있었다. 마이클은 이렇게 그의 경험으로부터 배웠다. 그러나 경험은 아주 모호한 말이다. 자기의 오랜 경험을 내세우는 목회자는 누구나 경험에서 새로운 것을 배울 수 있는 것이 아니라는 것을 잊기 쉽다. 신중히 기록한 다음 신랄하게 비판하며 검토한 한 가지 경험은 이해도 않고 몇 년간 쌓아 둔 많은 경험보다 더 많은 것을 깨닫게 해 준다.

인간은 자신이 서 있는 곳을 규명한 후에야 비로소 장차 나아갈 길을 선택할 수 있다. 전문가는 누구나 자기가 내린 정의에 책임이 있다. 목회자가 자신의 역할을 신중하게 정의할 줄 모르면, 다른 사람의 역할에 대해 가르칠 수 없다. 마이클은 경험을 기록함으로써 자신의 역할을 규정하기 시작한 것이다. 다음에 그가 다시 그 방을 찾아갈 때, 그는 리포트 덕분에 덜 망설일 수 있을 것이다.

그러나 만일 역할 규정으로 목회적 돌봄을 모두 다 설명할 수 있다고 생각한다면, 교역의 핵심을 잘못 파악한 것이다. 교역은 전문 기술이 아니라 경건한 묵상이요 관상이다.

관상

러셀 딕스 같은 목회 훈련자의 관심은 교역자가 주어진 자극에 최선의 응답을 할 수 있도록 돕는 것이다. 커언 씨가 준 자극에 마이클은 더 좋은 반응을 보일 수도 있었다. 여러 가지 대안이 되는 반응을 상상할 수 있다. 교역자가 대인 관계에서 전문 기술과 도구를 멀리해야 한다고 하는 것도 순진한 말이지만, 목회 기술이 교역직의 핵심을 이루지 않는다는 것은 분명하다. 자기 경험을 기록해 두면, 그 사건을 규정하고 그에 대처할 최선책을 강구하는 기회뿐만 아니라 신학적 관상을 행할 수 있는 가치 있는 자료를 얻게 된다.

임상 목회 훈련의 창시자인 앤톤 보이슨(Anton Boison)은 제자에게 각자의 체험을 기록하라고 가르치면서 "어떻게 하면 그 일을 잘 할 수 있을까?"보다 "나는 목회자로서 만난 이 사람에게서 무엇을 배울 수 있는가?"라고 생각하라고 가르쳤다. 그는 '살아 있는 인간 기록'이 신학에서 제일 망각되고 무시되고 있다고 말했다. 그는 '내면 세계의 탐구'에서 다음과 같이 말했다.

"위대한 역사가가 다른 역사가의 연구 발표를 액면 그대로 받아들이지 않는 것처럼, 나도 책에 기록된 공식이 아니라 살아 있는 인간 기록과 그들의 실제 사회적 조건에서 시작한다."

신앙인에게는 어떤 형태의 만남도 우연이 아니다. 커언 씨와 마이클이 만났다. 마이클은 무언가 자기가 커언 씨를 도울 수 있다고 자부했으나, 아무것도 해 줄 수 없었다. 커언 씨는 그에게 결코 잊어서는 안 될 것을 말해 준 셈이다. 인간이란 짐승처럼 골방에 틀어박혀 죽는 것이 소원일 만큼 너무 실망하여, 완강하고 독살스럽고 생을 지겹게 느낄 수도 있다는 것이다. 커언 씨는 인간이 사랑의 가능성을 믿을 수 없을 때 어떻게 되는가를 적나라하게 보여 주고 있다.

마이클도 키에르케고르, 사르트르, 카뮈, 카프카 같은 작가가 불안과 범죄, 고독과 소외, 죄와 죽음을 묘사한 책을 읽었을 것이다. 이제 그는 "당신이 돌아가 주는 것이 나를 돕는 일이오. 그리고 다시는 오지 마시오."라고 말하는 인간 앞에 서 있는 것이다. 그는 "오, 고독을 원하는 또 하나의 거만하고 완고한 인간이여!" 하고 내뱉을 수도 있다. 그러나 그러면 그는 커언 씨의 실망 안에 있는 인간의 상황을 진정으로 바라보며 관상하지 못하는 것이다.

커언 씨는 이야기를 거부하는 것 대신 무언가 더 많은 것을 행하고 있다. 그는 신학의 근본적 문제 즉 죄와 구원, 죄책감과 용서, 고립과 화해, 생명과 죽음 등의 문제를 제기할 수 있는 살아 있는 인간 기록이다. 그러나 이런 여러 가지 문제는 이론적 문제를 넘어 커언 씨와 관련된 모든 사람들 즉 얼굴을 내밀지 않는 의사들, 죽어 가는 아버지의 임종을 거부당한 자녀들, 고통에 시달리던 완고한 남편을 생각하면서 살아갈 아내, 도와 주고 싶었으나 그렇게 할 수 없었던 마이클 등을 이해할 수 있는 암시를 준다.

목회적 돌봄은 목회상의 염려보다 훨씬 더 많은 뜻을 포함하고 있다. 목회는 인간 조건을 신중하고 비판적으로 바라보는 것이다. 목회자는 관상을 통해서 선악의 베일을 벗기고, 선과 악이 단순한 언어가 아니라 모든 인간의 삶 속에 존재하는 현실임을 자신과 다른 사람에게 보여 줄 수 있다. 이런 의미에서 모든 목회적 접촉은 하나님이 인간을 대하시는 사역을 새롭게 이해하고 인간의 마음 속에 있는 빛과 어둠을 예민하게 구분하라고 하는 도전이다.

그러므로 관상은 목회자의 삶의 한 가지 중요한 측면 혹은 성공적 목회를 위한 필수적 조건만은 아니다. 교역 자체는 곧 관상이다. 교역은 지속적인 현실의 조명이고 인간의 어둠과 하나님의 빛의 계시다. 현시다. 이런 관점에서 목회적 돌봄은 일정한 기술과 기교의 적용에 국한되지 않는다.

목회는 곧 우리가 섬기려는 사람의 삶 안에서 하나님을 찾는 지속적 추구이기 때문이다. 실제로 교역의 역설은 우리가 다른 사람에게 하나님을 드리기를 원하지만, 우리 자신이 그 사람의 삶 속에서 하나님을 발견한다는 것이다.

만일 목회의 접근 방법이 기술이나 기교의 수준을 벗어나지 못한다면, 교역자는 인간을 조종하려는 유혹을 받게 된다. 목회자가 자신의 목회적 인간 관계를 신학적 묵상의 자료로 바라볼 때, 비로소 그도 또한 자기가 돌보는 사람에 의해 섬김을 받을 수 있을 것이다.

결론

지금까지 목회적 돌봄이 교역자 자신의 개인적 삶에 어떤 의미가 있는지 살펴보았다. 나는 전문성에서 영성으로 중심이 분명히 이동하기를 희망한다. 그의 직업적 정체성을 추구할 때, 교역자는 자기 긍정으로부터 자기 부정으로 나아간다. 직업적 인간 관계를 수립할 때, 교역자는 계약으로부터 언약으로 나아간다. 그리고 동료 인간의 개인적 필요에 전문적으로 접근할 때, 그는 역할 규정으로부터 관상으로 나아간다.

교역자가 접촉하는 사람을 진정으로 돕고자 한다면, 특별한 지식과 교육과 기술을 지닌 전문가가 될 필요가 있다. 그러나 우리가 남을 조종하려는 세상과 단절되려면, 전문 기술이라는 수준을 초월하여 자기 부정과 관상을 통해 하나님의 언약을 충실히 증거하는 증인이 되어야만 한다.

이런 의미에서 오직 예수 그리스도만이 목회자이시다. 그분은 우물가의 여인, 막달라 마리아, 니고데모, 말씀을 듣고 가슴이 뜨거워진 엠마오의 제자를 돌보셨다. 그분은 대인 관계에서 놀라운 기술을 보이셨고 주저하지 않고 당신의 통찰력을 이용하여 인간의 심금을 울리셨다. 그런 분이 당신의 지혜의 출처를 물어 왔을 때 이렇게 대답하셨다.

"내 교훈은 내 것이 아니요 나를 보내신 이의 것이니라 사람이 하나님의 뜻을 행하려 하면 이 교훈이 하나님께로서 왔는지 내가 스스로 말함인지 알리라 스스로 말하는 자는 자기 영광만 구하되 보내신 이의 영광을 구하는 자는 참되니 그 속에 불의가 없느니라"(요 7:16-18).

사람을 돌보는 교역자는 능숙하지만 수완가라는 말을 듣지 말아야 하고, 지식이 있지만 사기꾼이라는 말을 듣지 말아야 하고, 전문가이지만 남을 조종한다는 말을 듣지 말아야 한다. 교역자가 자기를 부인하고 신실하고 인간 고통의 의미를 이해할 때,

교인은 교역자의 손을 통해 하나님이 그를 위해 자상한 사랑을 보여 주신다는 것을 깨닫게 될 것이다.

사회참여...... 조직의 운영을 넘어서

기독교 사회 운동가

사회참여...조직의 운영을 넘어서

이제 우리는 사회 운동과 영성의 관계를 생각해 볼 차례가 되었다. 사회 개혁가의 소명을 받은 교역자와 목회자는 다음과 같은 고통스런 질문을 제기하고 있다. 대부분의 교역자는 오랫동안 가르치고 설교하고 목회한 후, 갑자기 이런 질문을 제기하게 된다.

> 내가 진정으로 만나고 싶은 사람이 교회 안에 없는데, 나는 왜 그렇게 많은 시간을 하나님 말씀을 설교하는 데 보내야 하는가? 사회는 인간다운 삶을 살 수 있는 가능성을 제공해 주지 않는데, 나는 왜 어린아이와 어른에게 사회 생활에 적응하는 교육을 시키고 있는가? 사람들은 증오와 경쟁과 차별로 분열

되어 있는데, 나는 왜 그들의 일치를 축하하기 위해 사람들을 한데 불러모으고 있는가? 사회는 개인에게 끊임없이 고통을 주고 있는데, 나는 왜 사회는 생각도 않고 개인의 고통만 이야기하고 있는가?

많은 교역자와 목회자가 자기의 사역이 삶의 사회적 구조에 미치지 못한다고 생각하기 때문에 점점 더 좌절감을 느끼고 있다. 그들은 부상자를 치료하지만 전쟁을 종결시키지 못하는 사람처럼 느끼고 있다. 목회자가 설교 강단과 강의실과 사택에서 교인에게 바친 수고가 그들에게 힘을 주고 용기를 줄지도 모르나, 전쟁과 공해와 가난과 범죄로 시달리는 병든 사회는 어떻게 해야 하는가? 이 세상이 근본적으로 틀린 세상이라면, 우리의 말과 언어가 무슨 소용이 있을까?

우리의 과제는 적응할 가치마저 없는 사회에 적응하도록 돕는 일인가? 자식 먹일 끼니가 없어 전전긍긍하는 여인에게 무슨 말이 도움이 될까? 뛰어난 상담 기술이 그녀의 굶주림을 해결하지 못할 것은 뻔한 일 아닌가? 집도 없고 직장도 없고 아이들 놀이터도 없는 곳에서 사는 사람들, 더 이상 더 좋은 세상을 기대할 수 없는 사람들에게 공동체 안의 사랑과 이해를 설교하는 것이 무슨 의미가 있을까?

이런 질문으로 고통당하게 되면, 목회자는 점점 더 교회가 사실상 삶의 주변부로 밀려나 있다는 것을 깨닫게 된다. 비록 교회가 인간을 돌보는 일을 하고 있기는 하지만, 진정한 그리스도인의 삶을 가능하게 하기 위해 사회 자체의 구조를 변화시키는 데 실패했다는 것이다.

지난 수 년 동안 교역자와 목회자는 사회 개혁의 주체가 되고 그들의 목회 영역을 개인뿐만 아니라 사회 구조까지 확장하는 것이 가능한지 생각하게 되었다. 에큐메니칼 연구소나 시카고 도시 목회 훈련 센터 같은 새로운 훈련 기관이 창립되었다. 이러 기관은 주로 "내가 어떻게 문제를 갖고 있는 사람을 도울 수 있는가?"가 아니라 "내가 어떻게 문제를 가진 사람이 적어지도록 사회를 변화시키는 일을 도울 수 있을까?" 하는 데 관심을 기울이고 있다. 그래서 목회적 관계나 목회의 접근 방법보다 사회 상황 분석, 특별한 사회 현안의 규정, 지역 사회의 자원 조사, 사회 개혁을 도모하는 전략 개발 등에 역점을 두고 있다. 그러면 교역자와 목회자가 지역 사회의 조직 운영이라는 복잡한 활동 영역에서 맡아야 할 책임은 무엇인가? 교역자가 여러 가지 대안을 자기 손으로 일일이 다 준비하는 것은 부당한 일이다. 오히려 인간의 잠재력을 일깨우고, 산재해 있는 수만 가지 사적인 이해 관계를 공동의 관심사로 통합하고, 숙명론을 극복하고, 사회적 책임을 볼 수 있는 비전을 제공하고, 많은 구체적 행동을 넘어 신앙 안에서 기독교적 공동체를 추구해야 한다. 그래야 교역자가 그의 독특한 방법으로 사회 운동가가 되는 것이다. 목회자는 그의 주위 환경에서 잠자고 있는 힘을 일깨울 수 있다. 또한 누적된 우울증이나 집단적 염세주의를 깨뜨리고, 사람들에게 모든 일이 꼭 지금처럼 되어야 하는 것이 아니라는 것을 깨닫게 해 줄 수 있다. 또한 사람이 예상하지 못했던 실망으로 무감각해지는 것을 막고, 파괴적 도피 행위를 차단할 수 있다.

교역자는 희망과 신뢰의 정신을 북돋워 공동체가 새로운 국면에 부딪혀도 융통성 있게 적응할 수 있고 언제나 새로운 가능성과 전망을 바라볼 수 있도록 인도할 수 있다.

이런 의미에서 교역자와 목회자는 권력 지향적인 세상의 함정에 빠지지 않은 채 사회 변화의 주체가 될 수 있다. 그러나 목회자가 사회 운동가가 되는 것은 세상에 대해 자유롭고 세상에 집착하지 않기 때문에 오히려 세상에 참여할 수 있는 삶의 방식으로서 영성을 필요로 한다. 그러나 이런 영성을 위해 사회 활동 중에 빠지게 되는 여러 가지 위험을 규명할 필요가 있다. 여기서 나는 사회 운동가(organizer)의 함정과 기독교 사회 운동가에 대해 논의하고자 한다.

1. 사회 운동가의 함정

요즘 아무나 붙들고 세상이 어떠냐고 물으면, 많은 사람이 세상이 썩을 대로 썩어 있고 사회 구조도 엉망이 되었기 때문에, 사회가 구조적으로 완전히 변화되어야 한다고 대답한다. 이들은 사회 변화를 위해 기꺼이 투쟁에 참여하고 미래의 새 사회를 위해 무슨 일이든 하겠다고 한다. 그들은 "너 자신부터 시작해서 세상을 변화시켜라" 하는 슬로건은 효과가 없고, 인간이 진정으로 변화를 원한다면 그가 살고 있는 세상이 먼저 변해야 한다고 주장한다. 구조의 개혁이 없이 인간을 변화시키는 것은 시간 낭비고, 진정한 변화는 외부로부터 와야 하고 심지어 사회의 변화를 위해서는 폭력과 숙청도 불사해야 한다고 한다. 이것이 바로 러시아 혁명에 참여한 공산당원의 자세다. 이것은 또한 신세계는 구세계의 잿더미 위에 세워지는 것이라는 신념에서 기존 질서를 뒤엎기 위해 은행 강도, 약탈, 시가전 등 온갖 수단을 가리지 않는 혁명가의 이론이기도 하다.

교역자와 목회자로서 이런 신념에 동조하는 사람은 거의 없을 것이다. 그러나 상당수의 교역자와 목회자가 현 사회 문제에 압도되어 먼저 사회 구조가 변화되어야 인간이 변화될 것이라는 원칙 위에 전략과 전술을 세우고 있는 실정이다.

그런데 이런 사회적 행동주의적 태도는 다음과 같은 성과 중심주의(concretism), 권력, 교만의 함정에 빠질 위험이 있는 것 같다.

성과 중심주의

성과 중심주의의 위험은 아주 구체적이고 특별한 결과를 바라며 사회 운동을 하는 경향을 가리킨다. 흔히 게토(ghetto), 빈민촌, 미개발 지역에서 일하는 사람이 고통을 받고 좌절하는 이유는 대개 그들이 원하는 변화가 일어나지 않는다는 사실에서 온다. 처음에 그들은 남을 돕겠다는 대단한 열성과 관대한 마음으로 그런 일을 시작한다. 그러나 해가 거듭되어도 별로 변화는 없고 처음보다 달라진 것도 없다는 것을 발견할 때, 그들은 자존감을 잃고 실패와 무가치함을 의식하고 깊은 상처를 받거나 아니면 일을 포기한다. 평화 봉사단, 비스타 봉사단(Vista workers), 교황청 자원 봉사단(Papal Volunteers)의 단원들 중 적지 않은 사람이 이런 경험을 증거하고 있다.

왜 그런가? 바로 그들이 "바로 **이것이** 사람들이 필요로 하는 것이구나." 하는 사고 방식으로 일을 시작하기 때문이다. 그들은 주택 개량, 교육 개선, 휴식 시설, 방직 기계, 노동 조합, 협동 조합 등이 필요하다고 말한다. 그러나 이런 특별한 목적은 일의 효율성을 파괴하고 그들로 하여금 다른 사람의 진정한 필요와 의견을 깨닫지 못하게 한다. 그래서 그들은 종종 사람들의 적대감을 불러일으키기도 한다.

나도 한때 네덜란드의 극빈자를 도운 일이 있었다. 한번은 자녀를 열이나 가진 사람의 집을 찾아갔다. 아이들은 낮에는 누더기를 걸치고 여기저기 어슬렁거리고 다니다가, 밤이 되면 열 명의 아이들이 낡아빠진 세 개의 큰 침대에서 웅크리고 자는 것이었다. 그 집에 필요한 도움이 무엇인지 한눈에 볼 수 있었다. 나는 옷 몇 벌과 침대 서너 개를 보내 주었다. 그리고 나서 얼마 후에 우연히 그 집에 불쑥 들른 적이 있었다. 그 때 집 안에서는 맥주며 케이크 등을 쌓아 놓고 큰 잔치가 벌어지고 있었다. 큰아들의 생일을 축하하려고 이웃과 친지를 초대하기 위해서 옷과 침대를 모조리 팔아치웠던 것이다. 사실상 그들은 비록 손질할 줄 모르는 것이 흠이지만 입던 옷으로 만족했고, 아이들이 한 침대서 한 사람씩 자는 것이 너무 쓸쓸했던 것이다.

이렇게 되니 나의 도움은 그들에게 절실히 필요했던 도움이라기보다는 오히려 내 생각에 불과한 것이 되고 말았다. 이와 유사한 일이 여러 상황 속에서 벌어진다. 친구 집 가까이 사는 것이 새 집에서 사는 것보다 좋다고 생각하는 사람에게 새 집을 지어 주어 친구와 떨어지게 만드는 일도 비슷한 실수이다.

인구 문제 프로그램도 거의 다 실패했다. 그 이유는 사람들이 대가족을 거느리는 것을 어떻게 생각하고 있는지, 자녀를 적게 두거나 전혀 갖지 않는다는 것이 부부에게 어떤 의미가 있는지, 다른 민족이 삶의 가치를 어떻게 판단하고 있는지 등을 신중하게 고려하지 않고서 신약품이나 피임 기구들을 제공했기 때문이다. 그 민족의 성생활의 동기를 충분히 연구하지 않은 채 성교육이 마치 인구 문제의 해결책인 것처럼 생각하고, 사람의 생각과 감정과 행위가 모두 똑같기나 한 것처럼 엄청난 비용이 드는 계획을 세우는 일이 너무나 많다. 한마디로, 우리 자신의 편견 때문에 우리는 세상을 개선하고 인간을 돕기보다는 오히려 방해하는 일이 많다는 것이다.

권력의 위험

사회 운동가에게 따르는 위험 중 하나는 자신의 작은 왕국을 만들기 쉽다는 것이다. 주도권을 쥐고 계획을 추진해 가는 사람이 그 일을 자기 것으로 주장하지 않는 것은 대단히 힘든 일이다. 부모가 자녀 스스로 생활 방식을 선택하도록 그냥 두지 못하듯이, 사회 운동을 하는 목회자도 고삐를 쥐고서 다른 사람에게 이래라 저래라 하려고 한다.

인간에게 권력을 행사하는 한 가지 방법은 노틀담 대학 심리학과 교수 존 산토스 박사가 '교육 계몽 가설'(Education-Enlightenment hypothesis)이라고 이름 붙인 것과 관련이 있다. 이것은 우리가 자신에게 옳게 느껴지는 바를 다른 사람에게 이야기해 주면 그것이 자동적으로 그들에게도 옳게 느껴지리라고 생각한다는 가설이다. 아직도 많은 사회 개혁가가 올바른 정보와 교훈을 사람에게 주면 그들이 계몽되어 의도한 대로 움직이게 되리라고 생각하고 있다. 그러나 사람들은 반드시 우리가 그들에게 유익하다고 생각하는 것을 그대로 유익하다고 생각하지는 않는다. 학식이 많은 사람이 고안한 훌륭한 계획이 다른 가치관과 견해를 가진 사람으로부터 무시당하고 비웃음을 사는 경우도 많다. 만 원짜리 지폐로 담뱃불을 붙이는 사람도 있을 수 있다. 만일 우리가 교육을 자신의 가치관과 삶의 방식을 다른 사람에게 제공하는 것으로 생각한다면, 교육 자체도 권력 혹은 폭력의 한 형태가 되고 만다.

흑인 민권 운동은 부분적으로 흑인이 백인의 삶의 방식으로 살면 보다 더 행복해질 것이라는 '교육 계몽 가설'에 대한 반작용이었다. 그러나 이것은 사실상 교육이 선전 광고가 되고, 도와 주는 것이 파워 게임의 일부가 되었다는 것을 의미한다.

가장 포착하기 어렵고 가장 극복하기 어려운 권력에 대한 욕망은 감사를 받고자 하는 욕망이다. 사람들이 우리가 베풀어 준 일에 대해 감사하고 있는 한, 그들은 일시적이나마 우리에게 의존해 있다는 것을 인정한 셈이다. 그래서 극빈자는 감사의 말에 인색하다. 어느 누가 자기가 도움을 받아야 할 처지에 놓여 있어서 스스로 자기 일을 처리할 수 없다는 것을 스스로 인정하기를 좋아하겠는가? 감사의 말은 바로 이것을 시인하는 것 아닌가? 그러므로 오랫동안 남에게 봉사하며 살아가는 사람이 감사의 말을 별로 듣지 못하는 것은 이상한 일이 아니다. 감사의 말을 요구하는 것은 의존 관계를 드러내고 자존심을 위협하는 일이다.

비단 개인뿐만 아니라 국가가 아주 절실한 의료품이나 차관을 거절하는 것은 다른 나라에 의존하느니 차라리 자존심을 지키고 죽는 편이 낫다고 여기기 때문이다.

그러나 다른 사람의 필요를 알고 그것을 위해 무언가를 해 주기를 원하는 사람은 감사의 말을 듣지 않고 사는 것이 힘든 법이다. "당신이 없었으면 우리는 이렇게 되지 못했을 것이고 이렇게 하지도 못했을 것입니다." 하고 고마워하는 사람들의 작은 왕국이 없이 산다는 것은 참으로 힘든 일이다.

교만의 위험

마지막으로 교만이라는 가장 큰 위험이 있다. 사회를 변화시키기를 원하는 사람은 자기 자신을 사회 위에 올려놓고 자기 영혼의 약점보다 다른 사람의 약점을 더 의식하는 위험에 빠진다. 모든 것이 달라져야 한다고 믿는 개혁가는 세상은 변화시키려 하지만 자신은 회심해야 할 필요가 없다고 생각하는 유혹에 빠진다. 자기를 개혁이 필요한 사회의 일원으로 생각하지 않고, 자기를 감히 손을 댈 수 없고 항상 옳고 정당한 구세주로 생각한다.

그는 잔인한 인종 차별을 알고 있다. 그러나 그는 다른 사람을 어리석다, 편협하다, 허풍쟁이다 하고 정죄할 때, 세상에서 벌어지고 있는 비극적인 일들이 바로 자기 마음 안에서 벌어지고 있다는 사실을 모르고 있다. 그는 자본주의를 비판하고 낭비에 대해 개탄하면서도 자신의 자본주의적 생활 방식을 청산하려고 하지 않는다. 보다 많은 사람에게 복지 정책을 베풀어야 하고 인간이 더 존중받아야 한다고 생각하지만, 자신은 다른 사람의 말을 듣지 않고 그들의 비판을 인정하지 않으며 그들에게 배울 점이 있다는 것을 믿으려 하지 않는다. 그는 이 모임 저 모임 참석하느라 항상 바쁘지만, 자신의 경험의 근원과 접촉하기를 꺼려하고 속사람으로부터 울려 오는 소리에 귀가 닫혀 있다. 그는 홀로 있는 것을 두려워하고, 세상이 개혁되어야 하는 만큼 자신도 개혁되어야 한다는 사실을 직면하지 않으려 한다.

이처럼 사회 개혁에 관심이 있는 모든 사람은 성과 중심주의, 권력의 욕망, 교만의 위험에 노출되어 있다. 예수님은 당시 사회를 비판하고 그 사회의 기본적 전제에 질문을 던지고 가까이 오고 있는 하나님 나라를 위해 일해야 한다는 소명을 깨달았을 때, 이미 메시야를 사칭하는 많은 거짓 메시야 속에서 사회 개혁가가 되고 있음을 아셨다. 실제로 예수님은 당장 눈앞의 결과를 내어 돌로 빵을 만들고, 이 세상 모든 왕국의 권세와 영광을 얻고, 성전 꼭대기에서 뛰어내려 천사의 보호를 받음으로써 상처입지 않는 불사조 같은 모습을 보여 주라는 유혹을 받으셨다.

그러나 예수님은 오로지 이 유혹을 물리치심으로써 진정한 혁명가가 되셨다. 예수님은 당시 세상을 결박하고 있던 쇠사슬을 끊고, 다가오는 새로운 왕국을 가시적으로 드러내기 위한 모든 정치적 야심을 극복하셨다. 이런 의미에서, 허버트 맥케이브(Herbert McCabe)는 다음과 같이 말했다.

"기독교 교역자를 위한 가장 그럴 듯한 모델은 혁명 지도자이다. 목회자는 진실로 혁명 지도자가 되어야 한다. 그러나 오늘날 그 어휘가 의미하는 정치적 혁명을 뛰어넘어 형이상학적이고 영적인 혁명에 이르는 지도자가 되어야 할 것이다. 궁극적으로 혁명의 해석이 바로 복음의 선포이다."

이제부터 기독교적 사회 변화의 주체가 되고자 하는 사람의 주요한 자질을 알아보자.

2. 기독교 사회 운동가

그가 사는 사회의 온갖 병폐를 알고 사회의 변화를 위해 일해야 할 필요성을 느끼는 사람은 누구나 성과 중심적 태도, 권력, 교만의 유혹에 직면해 있다. 그래서 사회 개혁가가 되는 것과 그리스도인이 되는 것은 서로 모순처럼 보인다. "나는 어떻게 보다 나은 세계를 위해 일하면서 반대자들의 미움을 사지 않고 험담이나 반박, 증오를 받지 않을 수 있을까? 어떻게 하면 백인에 대한 흑인의 적대감을 품지 않고 곤궁한 흑인을 도울 수 있을까? 어떻게 하면 착취자를 미워하지 않으면서 가난한 사람을 도울 수 있나? 어떻게 하면 자만심, 자기 의, 닫힌 마음을 품지 않고 기존 질서를 비판할 수 있을까? 어떻게 하면 더 좋은 세계를 건설하기 위해 일하면서 원수도 사랑하라고 가르치는 기독교적 가치를 손상시키지 않을 수 있을까?"

사회 개혁을 위한 투쟁에서 상처를 입은 많은 사람은 이런 문제로 너무 시달리다가 요가 수행자의 길을 택하기도 한다. 이들은 사회 구조의 개혁을 위해서는 개인을 희생해도 좋다는 사회주의자처럼 되는 것을 피하기 위해 정반대의 방법을 선택한 것이다. 사회 활동에 지치고 그 결과에 실망한 사람이 내면으로 향하는 길을 택하는 것은 이해하기 어려운 일이 아니다. 전국적으로 명상과 선 센터가 많이 세워지고 있다. 그들은 세상을 안으로부터 변화시키고 자기 자신을 내적으로 자유롭게 함으로써 혼돈 투성이의 세상을 수용하려고 노력한다. 그들은 종종 동양으로 눈을 돌려 새로운 것을 찾고 있다. 그들은 세상에서 일어나는 모든 갈등은 인간의 마음에서 비롯된 것이고 사회의 잔인한 전쟁은 인간의 내면 안에서 축소되어 일어나고 있다고 확신하고서, 세상을 변화시키는 진정한 장소는 오직 인간의 마음뿐이라고 주장한다.

그래서 아더 쾨슬러(Arthur Koestler)는 "요가 수행자는 외부 운동에 의해 개혁될 수 있는 것은 하나도 없고, 모든 것은 개인의 내적인 노력에 의해서 변화되고, 이와 다르게 생각하는 사람은 진정한 문제를 회피하고 있다고 믿는다."고 말했다.

최근 교회 내부에서 점차 관심을 끌고 있는 오순절 성령 운동도 어느 면에서는 그와 같은 태도를 취하고 있는 것 같다. 이 운동에 깊이 헌신하고 있는 사람들은 내적 회심과 인간의 마음에서 악을 근절시키는 일에 주력하고 인격적 사랑과 기도 소그룹을 강조함으로써, 이 파괴적 세상을 변화시키는 유일한 길은 각 사람의 마음을 변화시키는 일에서 시작되어야 한다고 말하고 있다. 따라서 그들도 요가 수행자처럼 전쟁, 기아, 공해, 인종 문제, 사회 불의, 범죄 같은 사회 문제를 외면하고, 자기 영혼 속으로 도피하여, 성령의 위로를 맛보고, 한 개인의 회심을 이 세상의 문제를 해결하는 기준으로 만든다고 비난받게 된다.

그러나 사회주의자도 요가 수행자도 급진파 기독교 개혁가도 성령 운동가도 우리 사회의 문제를 해결할 수 없다. 교역자의 과제는 양자 사이의 긴장을 유지하면서 양자의 통합을 추구하는 것이다. 사회 개혁에 투신하는 기독교 사회 운동가는 사회 개혁가이면서도 자기 영혼을 잃지 않아야 하고, 행동의 사람이면서 기도의 사람이어야 한다. 그는 개인적 돌봄과 주의를 필요로 하는 아동, 빈민, 병자, 노인을 무시하지 않으면서 우리 시대의 큰 사회 문제에 집중해야 한다. 기독교적 시각에서 이런 조심스런 균형은 충분히 가능하다.

교역자는 기독교적 시각 안에서 살고 이것을 교인들에게 제시할 때, 진정한 사회 변혁의 주체가 된다. 그리고 그리스도인이 기독교적 시각을 가시적으로 드러내는 한, 교역자는 참된 교역자가 되는 것이다. 이제 나는 이런 기독교적 관점을 소망, 창조적 수용성, 책임의 분배 관점으로 설명하고자 한다.

소망

가브리엘 마르셀(Gabriel Marcel)은 많은 사람이 희망이라고 부르는 것은 실제로는 소원 성취적 사고의 한 형태라는 것을 밝혔다. 인간의 삶은 모두 소원으로 가득 차 있다. 어린이는 세 발 자전거를 갖고 싶고, 소년은 축구공을 원하고, 학생은 우수한 성적을 얻고 싶고, 어른은 자가용과 훌륭한 저택과 좋은 직장을 원한다. 병자는 낫고 싶고, 가난한 사람은 부자가 되고 싶고, 수감자는 자유를 얻고 싶다. 소원 성취적 사고는 특정한 필요와 욕망을 가능하면 즉석에서 해결해 주는 여의주를 꿈꾸는 것과 흡사하다. 그러나 인생이 그런 특수하고 확실한 욕구로 차 있으면, 소원이 이루어지지 않을 때마다 실망과 곤욕, 분노와 무감각을 맛볼 위험이 크며 어디선가 어떤 식으로 배신당했다는 느낌을 갖게 된다.

나는 사회 개혁을 위해 일하는 교역자와 목회자가 흔히 이런 소원 성취적 사고의 희생자라는 느낌을 갖고 있다. 그들은 보다 깨끗한 주거, 시설 좋은 학교, 보다 잘 사는 이웃을 만들려고 일한다. 아주 확고 부동한 목표가 있고 그것을 실현시킬 특별한 방법도 있다. 그러나 비록 그들이 지향하는 목표가 중요하고 그 방법도 납득할 만한 것이라 할지라도, 그들은 자기 소원의 성취 여부를 자기 긍지의 척도로 삼으려는 경향이 있다. 근본적으로 그들은 믿음이 적은 자들이다. 선물을 주시는 분보다 그들이 원하는 선물에 관심이 더 많은 자들이다.

사람은 오직 소망을 통해서 이런 성과 중심적 태도를 극복할 수 있다. 소망은 받은 선물이 아니라 모든 선한 것을 주시는 그분을 바라기 때문이다. 우리는 **그것을** 원하지만 **그분 안**에 소망을 두고 있다. 소망의 본질은 보장을 요구하지 않고, 자기 행동에 조건을 붙이지 않고, 보호 장치를 요청하지 않고, 그의 신뢰에 어떤 한계도 두지 않은 채 다른 사람으로부터 모든 것을 기대하는 것이다. 아마도 희망의 가장 적절한 예는 아이의 어머니에 대한 자세일 것이다. 아이는 항상 어머니에게 아주 구체적인 것을 요구하지만, 아이의 어머니에 대한 사랑은 그의 소원이 충족되는 것에 좌우되지 않는다. 아이는 가끔 큰 소리로 울고 떼를 쓰지만, 어머니가 자기에게 해 주려고 하는 것은 다 유익한 것이고 어머니는 항상 그에게 좋은 것만을 원하고 있다는 확신 속에 살아간다.

사회 개혁을 위하여 일하는 사람은 대개 특별한 생각을 품고 있으나, 그는 자신이 성취한 모든 결과를 그에게 자유롭게 주어진 선물로 바라볼 때 비로소 신앙의 사람으로 남아 있을 수 있다. 어느 누구도 지역 사회의 사람들을 강요할 수 없다. 유일한 가능성은 지역 사회가 자유롭게 발전하고 구원에 이르는 방법을 발견할 수 있는 조건을 만드는 것이다.

소망의 사람은 그의 모든 에너지와 시간과 능력을 다른 사람에게 줄 수 있다. 그러나 그가 특별한 결과에 집착하는 순간, 그는 궁극적 목표를 잃게 된다. 이런 소망의 태도를 통하여, 사회 변화의 주체는 성과 중심주의의 유혹에 빠지지 않을 수 있다. 그는 그의 사역의 결과를 걱정할 필요가 없다. 왜냐하면 하나님이 그의 목적을 이루실 것이고, 이 일이 어떻게 이루어지는지 정확하게 알고자 하는 욕망은 이미 하나의 유혹이기 때문이다. 마찬가지로 서로 성실할 것을 약속하는 남자와 여자는 20년 후 어떻게 될지 알고 싶어하지 않는다. 그들은 미래를 열어 둘 때 비로소 실망하지 않고 그들 상호 관계의 결과를 하나의 선물로 받아들일 수 있기 때문이다.

한 그리스도인이 소망을 제공할 때, 그는 사람으로 하여금 지역 사회의 즉각적 필요를 넘어 보다 넓은 시각에서 그의 활동을 이해하도록 자유롭게 만든다. 아마 마틴 루터 킹보다 이런 종류의 지도력을 더 잘 설명해 주는 예는 없는 것 같다. 그는 흑인들이 버스나 식당에서 평등하게 대접받을 권리를 찾도록 격려하고, 동등한 투표권을 얻도록 자극했다. 그러나 그는 동시에 이것을 궁극적 가치로 여기지 않고, 그의 활동의 결과를 넘어 더 큰 문제 즉, 인간의 온전한 자유를 바라보았다. 그래서 그는 흑인뿐만 아니라 흑인을 억압하는 백인도 부자유하다고 말할 수 있었다. 그는 바라던 목표가 이루어지지 않았을 때도 폭력을 사용하지 못하게 할 수 있었다. 그는 결과를 보지 못하리라는 것을 알면서도, 민권 투쟁에 자신을 온전히 바칠 수 있었다. 그래서 그는 죽음을 두려워하지 않았다. 무슨 행동을 하든지, 그는 비록 소원이 이루어지지 않고 변화가 일어나지 않는다 하더라도, 절망할 이유가 없다고 사람들에게 가르쳤다. 또한 그들은 현재 약속된 땅으로 들어가는 도중에 있고, 하나님이 당신의 백성을 해방시킬 곳에 도착하려면 우선 사막을 건너야 한다고 일깨워 주었다. 킹 목사가 그렇게 강력한 영적 지도력을 발휘할 수 있었던 것은 그가 비록 지금 **당장** 자유를 요청했지만 하나님의 뜻이 그의 약속을 성취할 때까지 인내하고 기다리는 법을 배웠기 때문이었다.

창조적 수용성의 관점

교역자는 자신과 다른 사람 안에서 받아들이려는 마음을 개발함으로써 그들이 권력의 유혹을 받는 것을 방지할 수 있다. 변화를 일으키기를 원하는 사람은 먼저 그가 돕고자 하는 사람에 의해 변화되는 것을 배워야 한다. 고통으로 가득 찬 지역에 들어간 사람에게 이것은 특별히 어려운 일이다. 그들은 더러운 집, 배고픈 사람, 지저분한 거리를 보고, 병에 걸린 사람들의 신음 소리를 듣고, 씻지 않은 몸 냄새를 맡는 등, 여러 가지 비참한 광경에 압도당한다. 그러나 어떤 사람도 그가 주는 것은 자기가 받은 것에 비하면 아주 작은 것이라는 것을 깨닫지 못하면 진정으로 줄 수 없다. 예수님이 "가난한 자, 주린 자, 우는 자가 행복하다"(눅 6:20-21) 말씀하실 때, 우리는 그들의 행복을 볼 수 있어야 한다.

예수님이 "너희가 여기 내 형제 중에 지극히 작은 자 하나에게 한 것이 곧 내게 한 것이니라"(마 25:40) 말씀하실 때, 그분은 우리로 하여금 남을 도울 뿐만 아니라 그들 안에서 하나님의 아름다움을 발견하도록 초청하시는 것이다. 우리가 혐오스러운 가난만을 본다면, 진정으로 도울 자격이 없다. 슬럼가와 게토에서 봉사하라는 소명을 받고 헌신하는 사역자들은 어린이의 미소와 사람들의 따뜻한 대접, 그들의 표정과 이야기, 그들이 보여 주는 지혜, 그들이 나누는 선량한 마음씨 안에 감추어져 있는 부요함과 아름다움과 애정과 인간미를 발견하게 된다. 그리고 이것이 자기가 베풀고 있는 것에 대한 보답으로는 너무 과분하다고 생각한다.

수년 동안 비참한 지역에서 일하다가 넉넉한 고국에 돌아온 선교사들이 오기가 무섭게 돌아가고 싶어하는 것도 바로 이런 이유 때문이다. 그들은 고생을 더 하고 싶어하는 것이 아니라, 선교지 사람들 안에서 아름다움을 발견하고 그들을 그리워하는 것이다.

도움이 필요한 나라, 도시, 이웃은 많다. 우리는 지금까지 그들을 돕기 위해서 책이나 사진으로 그들의 참혹함을 알려서 사람들의 협조를 받아 내고 있다. 이것은 분명히 사람들의 죄책감을 자극하여 지갑을 열어 얼마간의 돈을 냄으로써 잠시나마 양심을 무마시킬 수 있을 것이다. 그러나 이것은 그리스도인다운 반응은 아니다. 비참한 광경을 보여 주는 것은 동정뿐만 아니라 공격도 일으킨다. 우리는 이미 이런 반응을 포로 수용소, 비아프라(Biafra, 나이지리아의 동부 지방)의 죽어 가는 아이들 사진, TV와 라디오와 신문에 실리는 수척한 몰골 등에서 경험했다. 우리가 부유하게 사는 데 죄책감을 느낀 나머지 다른 사람의 삶의 조건을 개선하려 하는 한, 우리는 아직도 파위 게임을 하고 감사의 말을 듣고 싶어하고 있는 것이다. 그러나 우리가 여러 가지 면에서 가난하고 우리의 도움이 필요한 사람들이 많은 것을 줄 수 있는 부유한 자들이라는 것을 깨닫기 시작할 때, 진정한 사회 운동가는 권력의 유혹에 굴복하지 않는다. 왜냐하면 그가 그의 과제가 무거운 짐이나 용감한 자기 희생이 아니라 만나고 싶은 예수 그리스도의 얼굴을 점점 더 많이 볼 기회라는 것을 발견하기 때문이다.

나는 소위 가난한 나라와 가난한 도시에 대해 쓴 책자가 그들이 어떻게 가난하고 어떻게 도움이 필요한지 뿐만 아니라 그들의 생활, 언어, 습관, 삶의 방식의 아름다움도 보여 주었으면 좋겠다. 아마도 여행자가 여행지 주민들의 지혜와 지식과 경험으로 인하여 삶이 풍요로워지는 새로운 형태의 기독교적 관광이 생길 수도 있을 것이다.

책임의 분배

우리는 지도자라면 특별한 재능을 지닌 사람으로 생각하는 경향이 있다. 교황 요한 23세, 존 F. 케네디, 마틴 루터 킹, 닥 함마슐트 같은 인물은 확실히 많은 사람의 삶과 역사의 방향에 영향을 준 사회 변혁의 주체들이다. 그러나 그와 같은 위인들이 위대한 일을 행하기를 기다리는 것은 잘못된 일이다. 얼마 전 나는 흑인 사회학자 한 분과 이야기를 나누면서 흑인 사회 지도력에 대해 물어 보았다. 그는 이렇게 대답했다. "아마도 우리는 마틴 루터 킹 같은 인물이 필요했으나, 이제는 그 어느 때보다 개인보다는 변화를 일으킬 수 있는 공동체가 중요합니다."

평신도, 교역자, 목회자가 진정으로 사회 개혁의 주체가 되기를 원한다면, 무엇보다 지도력을 분배하는 법을 익혀야 한다. 우리는 흔히 사람들에게 책임이 있다고 말해 주곤 한다. 그러나 사람이 책임과 함께 권위를 갖고 있다고 말하는 것은 별개의 사실이다. 현재 대부분의 목회자는 교회일을 모두 혼자 감당하고 있고, 교회의 잠재력 있는 지도력을 동원하는 창조적 방안을 모색하지 못하고 있고, 자신의 책임을 다른 사람과 분담하는 법을 모르고 있다. 참으로 놀라운 일이 아닐 수 없다.

먼저 목회자는 교인이 무엇을 하고 지내는지 실제로 알고 있지 못하다. 병원이나 학교는 정기적인 직원 회의가 없이는 제 기능을 발휘하지 못한다. 반면에 정기적으로 공동의 관심사를 논의하고 분석하고 평가한 후 적절한 대책과 거시적인 계획을 수립하는 교회는 극히 드물다. 둘째, 평신도가 거의 목회 사역에 참여하도록 허락을 받고 있지 못하다. 목회자는 병자와 노인을 방문하고 모임을 주도하고 재정을 관리하고 기타 집무를 도맡아 감당하느라 과중한 업무에 시달리며 분주히 돌아다니고 있다. 그러나 진정한 지도력이 과제의 위임에 있다는 것은 모르고 있다. 셋째, 도시의 어떤 교회도 그 자체의 소왕국으로 간주될 수 없다. 여러 교회의 목회자와 평신도가 정기적으로 모여서 공동의 문제를 토의하고 서로의 장점을 이용하고 아이디어를 교환하고 사업 계획을 통일하고 교육, 설교, 목회 상담, 재정 등의 문제에 대해 공동으로 계획을 세우고 실천해야 한다. 또한 지역 사회의 주요 문제를 비판하고 필요하면 한 목소리를 내고 기독교 공동체가 사회 문제에 깊은 관심을 가지고 있다는 것을 알려야 한다. 그래야 교회가 무시받지 않을 것이고, 비록 반대와 적대감을 불러일으킨다고 하더라도 최소한 우리가 하나님 말씀은 진지하게 들어야 하는 말씀이라는 것을 확신할 수 있게 되는 것이다.

물론 교만의 문제는 여전히 남아 있다. "당신의 일이나 걱정하시오." 하는 말을 그리스도인의 입에서도 들을 수 있다. "당신 스스로 대단한 일을 행할 수는 없습니다.", "당신은 끊임없는 비판이 필요합니다.", "사회 문제 또한 당신의 문제의 일부라는 것을 생각해야 합니다."라고 말하는 것은 쉬운 일이 아니다. 그러나 목회자, 교역자, 평신도가 사랑과 겸손의 정신으로 함께 모일 때마다 새로운 일이 일어나기 시작할 것이다.

물론 이런 목회 모임은 자칫하면 마치 전략을 구상하고 사회 문제를 공격하는 사회주의자와 비슷한 모임으로 오해받기도 한다. 그러나 목회 모임이 꼭 그렇게 될 필요는 없다. 빈곤과 기아와 참상이 가득 찬 산티아고의 빈민가(poblacion)를 섬기고 있는 목회자와 사역자들의 모임이 있다. 그들은 행동 계획을 짜는 것이 아니라, 주일에 한 번씩 모여 몇 시간 동안 자기 체험을 나누고 현실을 관조하고 주민들의 말과 행동의 이유를 생각해 보고 이들을 도울 수 있게 해 주신 하나님께 감사하며 성만찬을 나누고 있다. 다른 외부 사람들은 "당신들은 왜 일하러 가지 않습니까? 아직도 많은 사람이 먹을 것, 입을 것이 없어서 고생하고 있는데, 그렇게 모여 시간을 낭비하면 어떻게 합니까?" 하고 비난할지도 모른다.

그러나 이들이야말로 진정한 개혁가는 깊이 묵상할 줄 알고 울고 있는 어린아이 속에서 하나님의 음성을 듣고 더러운 커튼 너머에서 하나님의 얼굴을 뵈올 수 있어야 한다는 것을 아는 사람들이다.

이제 우리는 소망의 관점으로 당장의 효과만을 기대하지 않고, 수용성의 안목으로 권력의 함정을 피하고, 책임의 분배로 개인적 교만을 억제하는 법을 알게 되었다. 특히 책임의 분배는 상호 협력뿐만 아니라 상호 비판을 허락하기 때문에 중요하다. 이런 자세를 갖고 있는 교역자는 자기의 공동체 안에 있는 잠재력을 발굴하여 창조적인 사회 활동으로 연결시킬 수 있는 촉매 혹은 매체가 될 수 있을 것이다.

결론

4장은 영성과 조직 운영의 관계는 무엇인가 하는 문제를 다루었다. 그리고 보다 구체적으로 "교역자는 어떻게 진정한 변화의 주체가 될 수 있는가?" 하는 문제를 논의했다. 우리는 먼저 새 세계를 위해 필요하다고 생각하는 구체적 결과를 얻기 위해 권력을 행사하고 개인을 희생해서라도, 우선 사회 구조를 변화시켜야 한다고 하는 사회주의자의 태도를 살펴보았다. 그리고 개인의 마음을 변화시켜야만 사회의 구조를 변화시킬 수 있다고 느끼는 내면적 사람의 태도를 알아보았다. 그러나 사회 운동가가 우리 사회의 고통이 자기 자신의 마음 안에도 있다는 것을 잊을 위험이 있듯이, 내면을 추구하는 사람은 개인의 통찰을 뛰어넘는 어마어마한 사회 문제를 쉽게 간과할 수 있다. 따라서 사회 변화의 주체가 되기 원하는 그리스도인은 사회 운동가와 내면 지향적 인간 사이의 창조적 종합을 추구해 나가야 할 것이다. 그리고 성과 중심주의와 권력과 교만을 피하기 위해 소망과 수용성과 책임 분배의 시각을 가지고 살아야 한다. 한 마디로 묵상하고 관상하는 인간이 되어야 한다는 것이다.

그리스도인의 삶은 활동의 시간과 관상의 시간으로 분리될 수 없다. 진정한 사회적 행동은 곧 관상의 방식이고, 진정한 관상은 곧 사회적 행동의 핵심이다. 결국 행동과 묵상은 사람을 개혁의 주체로 만드는 동일한 실재의 두 가지 측면이다. 따라서 혁명가와 요가 수행자의 면모를 다 갖춰야만 진정한 사회 개혁가가 되고 기술적 조작의 함정에 빠지지 않을 수 있다. 이런 종합적 안목만이 우리에게 정치적, 사회적, 경제적 발전을 넘어 멀리 내다보며 항상 깨어 있고 언제나 다가올 신세계를 대망하게 한다.

그리스도인은 자기가 사는 사회에 비판적 질문을 제기하고, 개인뿐 아니고 세상도 회심할 필요가 있다는 것을 끊임없이 강조할 때 진정한 그리스도인이다.

그리스도인은 자기 안에 안주하지 않으며 다른 사람으로 하여금 현상(*status quo*)에 안주하지 못하게 할 때 참다운 그리스도인이다. 그는 결코 기존 질서에 만족하지 않는다. 그는 자신이 다가올 신세계를 – 비록 그 세계가 어떤 방법으로 이루어지는지 말할 수 없어도 – 구현하는 데 꼭 필요한 역할을 맡고 있다고 자부한다.

그리스도인은 만나는 사람마다 하나님 나라의 복음이 온 세계에 선포되고 만방에 알려져야 한다고(마 24:13) 외칠 때 진정한 그리스도인이다.

그리스도인은 살아 있는 한, 인종 차별이 없는 새 질서와 모든 사람과 악수하는 새 구조와 일치와 평화가 지속되는 새 삶을 추구한다.

그는 이웃이 걸음을 멈추고 낙담하고 일상적 쾌락으로 도피하는 것을 허락하지 않을 것이다. 그는 어떤 위대한 것의 여명을 보고 무언가 굉장한 것이 다가오고 있다는 확신을 갖고 있기 때문에, 자기와 다른 사람이 자기 만족에 빠져 있는 것을 참을 수 없어한다. 그는 이 세상이 지나가 버릴 뿐만 아니라 태동할 새로운 세계를 위해서 마땅히 지나가야 한다고 믿는다.

그는 이 세상에서 일이 다 끝났으니 이제 쉬어야겠다고 생각할 틈이 없다고 믿는다. 그리고 바라던 결과를 자기 눈으로 보지 못해도 실망하지 않는다. 왜냐하면 그가 무슨 일을 하든지 보좌에 앉아 계신 분의 음성에 항상 귀를 기울이고 있기 때문이다. "보라 내가 만물을 새롭게 하노라"(계 21:5).

5

경축 …… 형식적 예식을 넘어서

삶을 순종하고
삶을 용납하라

경축... 형식적 예식을 넘어서

1970년 1월 텍사스주 달라스의 퍼킨스 신학교에서 시카고 에큐메니칼 연구소에 의해 '문화 혁명과 교회'를 주제로 하는 세미나가 열렸다. 세미나를 끝내며, 학생들은 공동 신앙 고백 같은 글을 작성하였다. 다음은 그 글의 일부이다.

신비 앞에 설 때마다 인간은 자기 생명이 단 하나밖에 없음을 발견한다. 이 사실을 인정하고 생을 살아가는 것이 은총을 받는 길이요 모든 생명의 선함을 발견하는 길이다. 그리고 삶이 이것과 다른 어떤 길이라는 환상에 대해 죽을 때, 모든 생의 비밀을 발견한다. 죽는 것이 곧 사는 것이다. 우리는 이 사건을 '예수 그리스도 사건'이라고 이름 부르며 성경 속의 사람들의 메시지를 우리 시대를 위해 다시 주장하는 사람들이다.

이 강력한 신앙의 표현으로 보건대, 교역자는 우리로 하여금 삶을 경축하게 하고, 숙명론과 실망에서 벗어나게 해 주고, 단 한 번뿐인 생명과 인간과 함께 역사하시는 하나님의 사역을 부단히 인식하게 해 주는 사람이다. 그러나 어떻게 이러한 경축이 인간에게 가능할 것인가? 인생이란 두 개의 어둠 사이를 오가는 진동이다. 우리는 주춤주춤 탄생의 어둠에서 빠져 나와 죽음의 어둠 속으로 서서히 사라져 간다. 우리는 먼지에서 나와 먼지로, 미지에서 나와 미지의 세계로, 신비에서 나와 신비로 건너간다. 우리는 결코 본 적도 없고 이해할 수도 없는, 낭떠러지 사이에 이어져 있는 가느다란 줄 위에서 생의 균형을 유지하려고 안간힘을 쓰고 있다. 눈에 보이지 않는 것들이 우리를 에워싸고 있다. 그래서 우리의 삶은 끊임없는 공포의 순간으로 가득 차 있지만 동시에 우리가 살아 있다고 하는 비밀스런 신비를 붙잡고 있다.

기독교 교역자는 인간이 인간으로서 상황을 정면으로 대처하고 그 상황이 갖는 온갖 경이로운 현실 속에서 생을 향유하고 축하하게 만들 소명을 지니고 있다.

그러나 우리가 만일 생의 궁극적인 목적지와 그 중간에 이루어지는 사건의 의미를 완전히 깨닫지 못한다면, 과연 어떻게 생을 경축할 수 있겠는가? 인간의 불투명한 상황에 비추어 볼 때, 축제란 도대체 부적당한 반응으로 생각된다. 또한 우리가 삶을 경축하려 한다 해도, 어느 누가 이러한 욕구를 깨닫는 법을 가르쳐 줄 것인가? 이러한 질문은 경축과 영성의 관계를 파악하려는 본질적 시도이다. 그래서 나는 5장에서 "우리는 어떻게 생을 경축하는가?"와 "경축이 가능하도록 하는 사람은 어떤 종류의 사람인가?" 하는 문제를 다루고자 한다.

1. 우리는 어떻게 생을 경축하는가?

우리는 경축이라고 하면 흔히 삶에서 오는 무거운 멍에를 잠시나마 내려놓고 음악과 춤, 술과 웃음, 부담 없는 대화에 젖어드는 즐겁고 명랑한 축제를 연상한다. 그러나 기독적 의미의 경축은 이런 것과 상관이 없다. 경축은 오직 삶과 죽음이 결코 분리될 수 없는 실재임을 깊이 깨달을 때 가능하다. 두려움과 사랑, 기쁨과 슬픔, 눈물과 웃음이 한데 어울려 존재할 수 있을 때 진정한 축하가 일어난다. 경축은 생의 진가를 분명히 깨닫고 삶을 용납하는 것이다. 삶이 귀중한 것은 보고 만지고 맛볼 수 있기 때문만이 아니라 어느 날 결국 사라질 것이기 때문이다.

  결혼을 축하할 때 우리는 떠남뿐만 아니라 결합을 축하하는 것이고, 죽음 앞에서 장례식을 치를 때도 우리는 자유의 획득뿐만 아니라 우정의 상실을 시인하는 것이다. 결혼식 후에 눈물이 있을 수 있고, 장례식 후에 웃음이 있을 수 있다. 우리가 삶과 죽음이 서로 모순되는 것이 아니라 우리가 존재하는 순간마다 서로 입맞추고 있다는 것을 깨닫는다면 슬픔과 기쁨이 모두 별 차이 없이 생의 축제의 일부로 남을 수 있게 된다. 사람은 태어나면 혼자서 호흡하는 자유를 얻는 대신 모체에서 누리던 안정을 잃게 된다. 자라서 학교에 다니기 시작하면 보다 넓은 사회에 발을 들여놓는 반면 가정에서 누리던 독특한 자리를 상실하게 된다. 결혼하면 새로운 배우자를 얻지만 부모와 헤어지고, 직장을 얻으면 손수 돈을 벌어 독립하는 반면 스승이나 동료들과 격의 없이 어울리고 격려받던 시절을 떠나 보낸다. 아기를 낳으면 새 세계를 발견하지만 아울러 자유를 크게 제약받으며, 승진하면 다른 사람의 눈에 귀하게 보이는 반면 모험의 기회를 잃는다. 은퇴를 하게 되면 바라던 일을 많이 할 수 있게 되지만 다른 사람에게 필요 없는 사람이 된다.

우리가 얻는 것과 잃는 것 즉, 생명과 사망이 항상 서로 만나는 인생의 결정적 순간마다 삶을 경축할 수 있을 때, 우리는 심지어 우리 자신의 죽음도 경축할 수 있을 것이다. 왜냐하면, 생명을 잃는 자가 다시 얻을 것이라는 것을 삶으로부터 배울 것이기 때문이다(마 16:25 참고).

삶을 향유할 줄 아는 사람은 기쁨과 슬픔을 명백하게 구별하려는 유혹을 미연에 방지할 수 있다. 생명은 셀로판지로 싸여 있지도 모든 질병에서 격리되어 있지도 않다. 삶의 경축은 생의 복잡함을 회피하는 것이 아니라 그것과 함께 삶을 온전히 용납하는 것이다. 그런데 용납의 의미를 제대로 이해하려면, 용납을 구성하는 세 가지 요소 즉, 긍정과 기억과 기대에 대해 살펴보아야 한다.

긍정

경축은 무엇보다도 먼저 우리의 현 상황에 대한 완전한 긍정이다. 우리는 완전하게 인식하면서 말한다. 나는 존재한다. 나는 지금 존재한다. 나는 이 자리에 존재한다. 그러므로 그대로 수용하자(let it be that way). 우리는 현재 속에 현존할 때 비로소 삶을 경축할 수 있다. 한 가지 분명한 사실은 우리가 현재를 사는 능력을 대부분 상실해 왔다는 점이다. 흔히 말하는 축하는 성가신 준비로 시작해서 고통스러운 결말로 끝난다. 우리는 축하할 만한 어떤 것이 현존해야 그것을 경축할 수 있다. 지금 여기 거듭나는 것이 없을 때 크리스마스를 경축할 수 없고, 새 생명이 보이지 않을 때 부활절을 경축할 수 없고, 성령이 역사하지 않을 때 오순절을 경축할 수 없다. 경축은 어떤 것이 거기 있고 그것이 가시화될 필요가 있기 때문에 우리가 그것에 대해 "예"라고 말할 수 있다는 인식이다.

나는 소위 신세대의 묵상 모임에서 경축의 아름다운 예를 보았다. 젊은이들은 함께 모여 몇 시간 동안 서로 함께 있어 주고 그들이 함께 있다는 사실을 귀중하게 여기기 위해 노력하고 있다. 그러나 그것이 얼마나 어려운 일이겠는가? 당신은 당신 자신을 지금 여기서 끌어 내고 수많은 사소한 것을 걱정하게 만드는 생각에 휩싸이지 않고는 단 한 발자국도 떼지 못하고, 단 한 번의 숨도 제대로 쉬지 못한다. 당신은 끝맺지 못한 논문이나 내일의 계획이나 얼마 전에 했던 이야기에 사로잡혀 있는 자신을 발견할 것이다. 당신은 혼자서 스스로 답을 얻을 수 없는 수천 가지 문제를 제기하고, 눈에 보이지도 않는 수만 가지 그림을 혼자 그리고 있음을 발견할 것이다. 당신은 현재 당신이 서 있는 그 위치에 있지 못하고 원하지 않는 다른 곳에 와 있는 것이다. 그러나 만일 당신이 이 달갑지 않은 침입자를 서서히 신중하게 마음에서 몰아 내면, 이제까지 모르고 있던 그 무엇이 곧 당신의 진정한 자아 속에 들어와 있는 것을 발견하게 된다. 그뿐 아니라 당신은 함께 있는 다른 사람의 존재도 깨닫게 될 것이다. 왜냐하면 그가 그의 경험이 당신의 경험 속에서 반향을 일으키고 있는 것을 알고, 그가 자신의 경험 속에서 발견한 것을 당신에게 기꺼이 보여 주려고 하기 때문이다.

이런 상황에서 함께 기도하는 것이 무엇을 뜻하는지 분명히 드러난다. 그것은 함께 걱정한다는 뜻이 아니라 진정한 방법으로 서로를 위해 존재한다는 것을 의미한다. 그들의 생각이 우리의 생각이기 때문에 생각을 나눌 수 있고, 그들이 실제로 거기 있기 때문에 느낌으로 서로 통할 수 있고, 그들이 우리를 아프게 하고 우리가 그들의 고통을 우리 영혼 안에서 느끼기 때문에 걱정에 대해 이야기할 수 있는 것이다. 우리의 의도를 어떤 형식으로든 표현한다는 것은 단지 생각할 수 있는 많은 문제 중에서 되는 대로 하나를 택하는 것이 아니다.

그것은 우리가 이 순간에 존재하는 그대로 서로에게 유익하고 분명한 존재가 되고자 하는 하나의 시도이다. 이 때 우리가 상대방에게 요구하는 바는 어떤 문제의 해결이나 도움의 손길이 아니라, 무엇보다도 우리가 여러 가지 다른 길을 걸으면서 체험한 인생을 서로 인정하는 것이다. 이렇게 될 때 비로소 공동체가 형성되기 시작하고, 우리 모두가 참여하는 존재의 다양성을 인정하는 축제가 가능하다.

기억

그러나 인간의 현재 삶이 과거와 의미 있게 연결되지 못하면 인간은 자기의 삶을 진정으로 향유하지 못한다. 과거를 과거로 기념하지 못하면 현재를 현재로 체험하는 일도 불가능하다. 인간에게 과거가 없다면 현재를 향유하면서 인생을 곧 자기의 삶으로 받아들일 수 없다는 것이다.

얼마 전에 나는 무전 여행자 한 사람을 내 차에 태워 준 일이 있다. 그는 지난 10년 동안 과거를 기억하지 못하고 있다고 말했다. 사고로 그만 기억력을 상실했다는 것이다. 자기가 이제껏 살아오던 고향에 돌아갔으나 모든 것이 생소했다. 감정도 생각도 그가 지금까지 보아 온 집이나 거닐던 길을 보아도 아무런 연상도 떠오르지 않았다. 친구도 낯선 얼굴이 되었고, 그가 행한 모든 일이 그의 과거에서 사라졌다. 그래서 그는 과거가 없는 인간, 따라서 현재의 생활에 아무런 의미도 부여할 수 없는 사람이 되었다.

사람이 그의 과거와 연결되는 방식은 그의 삶의 체험을 위해 결정적으로 중요하다. 과거는 당신에게 영원한 감옥일 수도 있고 자화 자찬거리가 될 수도 있다. 당신의 과거는 부끄러움과 죄의식을 안겨 줄 수도 있고, 반대로 교만과 자기 만족의 이유가 될 수도 있다. '내가 다시 태어날 수 있다면 그렇게 살지는 않을 텐데.'라고 후회하는 사람이 있는가 하면, "나를 허약한 늙은이로 생각할지 모르지만 여기 있는 이 트로피와 상패들을 보게나. 이게 다 내가 젊었을 때 탄 것들이지." 하고 제 자랑을 늘어놓는 사람도 있다. 추억은 인간 행복의 고뇌의 가장 큰 원천이다. 현재 우리의 삶을 경축하고자 한다면 자신을 과거에서 떼어 놓을 수 없다. 오히려 섭리는 우리에게 역사란 현재 이 곳으로 우리를 데려온 사건의 귀결이며 바로 이 순간 이 세상 이곳에 존재하는 것이 무엇을 의미하는지 이해를 돕는 사건의 연속으로 생각하라고 촉구한다.

생을 경축하는 사람은 자기의 과거를 감옥 또는 교만의 근원으로 삼지 않고 역사의 사실에 직면하여 자기 체험을 자신의 것으로 만드는 요인으로 간주하고 그것들을 있는 그대로 용납한다. 우리가 앞서 간 사람들을 추모하는 예식을 거행할 때 그것은 죽은 가족이나 친지를 향한 경건한 마음 그 이상의 것이다. 우리는 그 때 우리가 역사 한가운데 서 있다는 사실을 인정하고 있다. 우리의 현 상황에 대한 긍정은 우리가 우리 전에 살았던 셀 수 없는 사람들에 의해 이 곳까지 오게 되었다는 것을 인정하는 것에 근거를 두고 있다.

기대

그러나 삶을 긍정하고 기억하는 것 외에도 삶의 경축은 미래를 향한 기대로 가득 차 있다. 인간에게 과거밖에 없다면 그는 늙어 갈수록 자기 속에 점차 갇히고 말 것이다. 현재가 만족의 궁극적 순간이라면, 인간은 그 순간에 단단히 집착하여 거기서부터 생의 마지막 한 방울까지 짜내려고 할 것이다. 그러나 현재는 약속이라는 것을 손에 쥐고 있고 인생의 지평선까지 뻗어 있는 까닭에, 이로 말미암아 인간은 또한 과거처럼 미래를 경축의 순간으로 받아들일 수 있다.

최근 나에게 이런 일이 있었다. 작년 1월에 튀니지아에서 극심한 홍수로 고생하는 사람들을 돕기 위해 수 개월 동안 일하러 갔던 내 친구가 죽었다. 그 친구의 부모는 시골의 조그마한 마을에 사는 평범한 농부로서 죽은 아들에게 큰 기대를 걸고 있었다. 그 집안에서 대학에 들어간 사람이 그 친구 하나밖에 없었다. 듣도 보도 못한 땅에 가서 그가 죽었다는 소식이 전해지자 가족과 친지가 놀란 것은 물론이고 마을 전체가 커다란 충격을 받았다.

정말 믿어지지 않는 몇 글자가 적힌 전보 쪽지가 날아오고 나서 한 주일이 지나갔다. 그야말로 공포의 한 주일이었다. 그러나 마침내 그의 시체가 마을에 운반되자, 친구의 죽음은 장례식에서 삶의 일부로 수용되었다. 그가 착한 일을 하다가 죽었다는 사실이 용납되었고, 비극적 사고가 있기까지 그의 과거가 사건들의 고리가 되어 기억으로 되살아났다. 그러나 나는 그의 죽음이 진정한 경축이 될 수 있었던 것은 이 젊은이의 시신 주위에 새 생명이 드러났기 때문이라고 확신한다. 인간이 타인을 위해서 자기 생명을 버리는 것이 무엇인지 불현듯 깨닫게 되었다. 튀니지아를 보지도 듣지도 못한 사람들이 그 나라에 대한 이야기를 하기 시작했으며, 거기 살고 있는 이상한 차림의 회교도들이 어떤 사람인지 알려고 했다. 다른 도시 사람을 만나는 기회도 되었고 덕분에 그들과 친구가 되었다. 젊은이의 시신이 땅 속에 묻힌 뒤로, 그들의 세계는 넓어지고 그들의 생각이 확장되고 그들의 시야가 열렸다.

현재는 바로 미래에 대한 약속을 지니고 있었다. 그리고 몇 달이 지나서 많은 청년들이 그 친구가 시작한 일을 계속해 나가기 위해 계획을 세웠다.

무릇 경축은 현재를 긍정하고 과거를 기억하고 미래에 이루어질 것을 기대함으로써 완성된다. 그러나 이런 의미의 축제는 드물다. 인간이 자기 자신의 생을 있는 그대로 받아들이는 것만큼 어려운 일도 없다. 현재를 부정하는 그 이상으로, 과거는 흔히 불평의 씨앗이 되고 미래는 실망과 냉대의 구실이 된다.

예수 그리스도는 인류를 구원하러 오셔서 우리를 시간의 속박에서 해방시키셨다. 그분을 통해서 우리는 다음 사실을 분명히 깨달았다. 하나님은 우리 존재가 어느 시공간에 자리 잡고 있든지 우리와 함께 계실 뿐만 아니라 우리의 과거가 잊혀지고 부정될 것이 아니라 오히려 기억되고 용서받을 수 있으며 그분이 다시 오셔서 우리에게 가려진 것을 보여 주실 그 때를 기다리고 있다는 것이다.

예수님은 사도들과 헤어지시면서 당신이 행하신 바를 기억하는 떡과 포도주를 기념으로 남기심으로써 당신이 다시

오시는 순간까지 그들이 현존하는 곳에 당신도 머무실 수 있게 하셨다. 감사를 뜻하는 성만찬이라는 단어는 미래와 과거가 현재의 순간에 집약되는 생을 받아들이는 방법을 표현한다. 이 감사는 곧 생을 실제로 경축할 수 있게 하는 삶의 양식을 의미한다. 흔히 이 삶의 성만찬은 공식적으로 계획된 곳 이외의 장소에서 거행되기 마련이다. 예배 의식이 이루어지는 곳이라 해서 언제나 진정한 삶의 경축이 일어난다고는 할 수 없다. 때때로 그렇게 되기도 하지만 대개는 그렇지 못하다. 우리는 이러한 예배 의식의 개혁이나 변경에 대해서 말이 없지만 참으로 성만찬의 의미 그대로 삶을 긍정하는 장소와 사람 안에서 경축을 발견한다.

2. 경축이 가능하도록 하는 사람은 어떤 사람인가?

교역자는 우리로 하여금 삶을 경축할 수 있도록 돕는 사람이다. 그러나 먼저 한 가지 알아 둘 일은 우리 문화에서 삶을 경축하는 것은 그 무엇보다도 어려운 일이라는 것이다. 생을 경축하고 자기의 생을 당신이 가진 단 하나밖에 없는 생명으로 용납하고 그것을 선한 것으로 받아들이고 생활하라는 기독교적 가르침은 현대인에게 가장 어려운 도전이 되고 있다.

"내일 일을 위하여 염려하지 말라 내일 일은 내일 염려할 것이요 한 날 괴로움은 그 날에 족하니라"(마 6:34). 우리는 예수님의 이 말씀은 아름답고 로맨틱하지만 비현실적이라고 생각되는 문화 속에서 살고 있다. 자신과 가장 밀접한 일을 하는 순간마저 "이 행위의 목적이 무엇인가?"라는 물음을 던져야 할 만큼 실리적인 사회에서 살고 있는 것이다.

현대인은 먹는 것도 단순히 먹고 마시는 것이 아니라 사업상의 오찬을 나누고 술자리를 마련해야 한다. 승마도 수영도 그냥 하는 것이 아니다. 말 위에서 풀장 안에서 상대를 초청하여 거래를 한다. 현대인은 그저 운동을 하거나 음악을 감상하는 게 아니라 거대한 스포츠 산업과 음악 산업에 연루되어 있다. 그들은 진정한 일은 내일 일어날 것이라는 믿음을 가지고 산다. 이런 종류의 삶에서, 과거는 적절히 사용했거나 잘못 이용한 기회의 연속으로 전락하고, 현재는 끊임없는 성취에 대한 염려로 전락하고, 미래는 바라던 것을 드디어 손에 넣는 거짓 파라다이스로 전락한다.

이런 삶은 그것을 다른 무엇으로 바꾸려 하고 그것에 어떤 것을 부가시키고 거기서 무언가를 얻어 내려고 하고 우리 계획에 맞추려 하기 때문에 결코 경축될 수 없다. 우리는 때때로 모임과 회의에 참여한다. 거기서 우리 현재 상황을 비판적으로 평가하고 앞으로 개선될 수 있는 방안을 모색하고 우리의 위대한 계획이 달성될 것인지 염려한다.

우리 문화는 삶을 경축하는 기회를 빼놓고는 모두 일하고 서두르고 걱정하는 문화이다. 그러니 어떻게 우리 문화를 기독교적 문화라 할 수 있겠는가? 놀랍게도 이런 삶의 양식에 대한 반발은 교회가 아니라 사회 주변에서 일어났다. 테오도르 로자크(Theodore Roszak)는 이것을 '반(反)문화'(counter-culture)라고 불렀다. 이러한 기술 문명에 대한 참신한 저항에서 삶을 경축하는 몇 가지 요인을 볼 수 있다. 반문화의 목소리는 그리스도인들이 흔히 듣던 것이다.

로자크는 반문화에 대해 이렇게 말했다.

> 우리의 반문화의 기본 목적은 새 하늘과 새 땅을 광대하고 놀라운 것으로 선포함으로써 기술 공학자들의 부당한 주장을 삶의 변두리로 밀어 내는 것이다. 우리는 달갑지 않을지 모르지만 다음의 가능성도 고려해야 한다. 꿈 같은 상상력이 점차 밝게 피어나는 곳에서는 어디나 과학의 오랜 숙적이라 할 마술이 새로운 모습으로 등장하여, 우리의 일상 생활을 훨씬 더 위

대하고 경이롭고 모험에 찬 것으로 바꿔 놓는다는 것이다. 물론 이것은 객관적 인식의 합리성을 위축시키는 것과는 다른 현상이다

  이것은 인간이 진정으로 경축할 수 있는 새로운 삶에 대한 선언이 아닐 수 없다. 그렇다면 교회의 청중 속에 반문화를 추구하는 사람이 없는 교역자와 목회자는 어떻게 되는가? 교역자가 주일에 하는 일이 고작 신자의 일 주일의 고통스런 삶을 무마시키는 것뿐이라면, 결국 그가 행하는 가르침과 설교와 목회 상담과 사회 운동은 경축될 수 없는 삶에 대한 봉사가 아닌가?
  그러나 교역자가 삶을 경축하는 길을 그들에게 가르치고자 한다면, 교역자 자신이 특별한 사람이 되어야 한다. 그는 자연의 소리와 인간의 소리와 하나님의 소리를 듣고 순종할 수 있어야 한다.
  이제 순종의 관점에서 삶을 경축하는 자의 영성에 대해 살펴보자.

자연에 대한 순종
  다른 사람으로 하여금 생을 경축하도록 도우려는 사람은

무엇보다도 대자연의 소리에 순종하고 그 메시지를 사람에게 번역해 주어야 한다. 이 점에 있어서 우리는 인디언에게 배울 점이 많다. 우리는 자연을 정복하는 데 너무 고심한 나머지 삶의 조건과 아름다움과 유한성을 끊임없이 속삭여 주고 있는 강과 나무와 새와 꽃의 소리를 듣지 못한다.

빈투족의 어느 인디언의 말을 들어 보자.

> 백인은 대지나 사슴이나 곰을 보살피는 일이 없다. 인디언은 동물을 일단 죽이면 하나도 남김없이 먹는다. 나무 뿌리를 캐도 구덩이를 작게 판다. 우리는 상수리나 솔방울을 흔들어서 딴다. 우리는 도끼로 나무를 찍어 버리는 일은 하지 않는다. 우리는 죽은 나무만 이용한다. 그러나 백인은 땅을 마구 파헤치고 나무를 마구 뽑아 내고 아무것이나 가리지 않고 죽인다. 나무는 "그러지 말아요, 나는 아파요." 하고 애원한다. 그러나 그들은 나무를 찍고 자른다. 대지의 신령은 그들을 미워한다. 인디언은 아무것도 해치는 일이 없는데 백인은 모든 것을 파괴한다.

인디언은 그가 점점 자연의 일부가 되고 모든 피조물의 형제가 되어야 하며 그래야 세상에서 자신의 참된 위치를 발견할 수 있다는 것을 알고 있다. 그는 작품을 만들어도 자연에 순종하면서 만든다. 알록달록한 얼굴 치장 속에 인간과 동물의 모습이 융합되고, 토기 그릇을 만들어도 호로병 같은 식물을 모델로 쓴다. 자연이 그 형태를 가르쳐 준다.

어느 시대를 막론하고 인생의 의미를 추구하는 인간은 자연과 가까이 살기 위해 노력했다. 성 베네딕트, 성 프란시스코, 성 브루노 등 옛날의 성자뿐만 아니라 켄터기 숲 속에서 살던 토마스 머튼이나 뉴멕시코의 고적한 계곡에 수도원을 지은 베네딕트 수사들이 모두 그런 사람들이다.

오늘도 많은 젊은이가 자연의 소리를 들으려고 도시를 떠나 시골로 간다. 정말 자연은 말을 한다. 프란시스코 성인에게는 새가, 인디언들에게는 나무가, 싯다르타에게는 강이 이야기를 들려 주었다.

인간은 자연에 가까이 가면 갈수록 우리가 경축하는 삶의 본질을 더 가까이에서 만지게 된다. 자연은 생명이 존재하기 때문에 귀중한 것만이 아니라 또한 존재해야 할 이유가 없어도 귀중한 것이라고 가르친다.

나는 점심을 먹으러 어떤 음침한 식당에 다닌 적이 있다. 거기에 가면 항상 같은 자리에 앉았다. 그런데 그 식탁 한가운데 예쁘고 붉은 장미꽃 한 송이가 화병에 꽂혀 있었다. 나는 연민의 정을 느끼면서 그 장미를 들여다보고 아름다움을 즐겼다. 나는 매일 장미와 함께 이야기를 했다. 내 감정은 한 주일 내내 기쁨에서 슬픔으로, 실망에서 분노로, 정열에서 비애감으로 변하고 있었지만, 그 장미는 언제나 그 모습 그대로였다. 이상해서 손가락으로 만져 보았다. 그런데 그 장미는 플라스틱으로 만든 조화였다. 나는 기분이 몹시 상해서 다시는 그 식당에 발을 들여놓지 않았다.

우리는 플라스틱으로 된 물건과 대화할 수 없다. 그런 물건은 삶과 죽음에 관한 진실한 이야기를 들려 주지 못하기 때문이다. 그러나 우리가 자연의 소리에 민감하기만 하면, 어떤 세계에서부터 울려 나오는 소리를 듣게 될 것이고 이 세계에서 인간과 자연은 함께 그들의 모양을 발견할 것이다. 빵과 포도주의 신성한 표징의 의미를 완전히 깨달으려면 자연 전체가 자연 그 자체를 초월하는 어느 본체를 지칭하는 하나의 성례라는 사실을 알아야 한다. 성체 안에 그리스도께서 현존하신다는 사실이 '특별한 문제' 거리가 되는 때는 그분이 존재하고 성장하고 살고 죽는 모든 사물 안에 현존하신다는 사실을 망각하는 경우다. 주일 예배는 인간을 둘러싸고 있는 세계에서 매일 끊임없이 일어나는 사건의 가장 완전한 의미를 우리에게 계시할 때 비로소 진정한 경축이 된다. 빵은 빵 이상의 것이고, 포도주도 포도주 이상의 것이다. 그것은 우리와 함께 계시는 하나님인 것이다. 그것은 일 주일에 한 번 일어나는 동떨어진 사건이 아니라 대자연이 우리 귀에 주야로 이야기하고 있는 신비의 집약체이다.

따라서 음식을 버리는 것이 죄가 되는 것은 이 세상에 굶주리는 사람이 아직도 많기 때문만이 아니라 우리가 먹고 마시는 사물의 성스러운 실체를 거스르는 부당한 행위이기 때문이다. 그러나 우리가 주위에 둘러 있는 만물의 소리를 보다 깊이 알아듣고 자연에 대한 경이로움을 더해 갈수록, 우리는 금반지에 박힌 사파이어같이 자연에 파묻혀 있는 인간을 진정으로 사랑하게 될 것이다.

인간에 대한 순종

다른 사람으로 하여금 삶을 경축하게 만들려면, 자연에 순종하는 그 이상으로 인간에게 순종해야 한다. 가만히 인간에게 귀를 기울여 보면, 그들은 삶을 경축하는 것을 두려워하면서도 간절히 원하고 있다. 경축은 인간이 자기를 둘러싼 위대한 신비에 압도당하려는 의욕을 필요로 한다. 그러나 자기 존재의 기반에 접촉해 보고자 하는 사람은 자기가 그것에 흡수되지나 않을까 혹은 자아를 상실하지나 않을까 하는 두려움을 느낀다. 인간은 태양 없이는 살 수 없지만, 태양에 너무 가까이 가면 타 죽는다는 사실을 알고 있다. 공리주의자는 자기가 완전히 흡수되지나 않을까 하는 공포에서 자기 존재의 근원과 자아 사이에 두꺼운 벽을 쌓는다. 그러나 바로 그 벽 때문에 그는 차디차고 소외된 삶을 살게 된다. 그리하여 자신의 비참한 상황을 깨달은 인간은 교역자에게 참다운 삶에 뛰어드는 길이 무엇인가를 필사적으로 물어 오는 것이다. 무릇 교역자는 인간 실존이 자기 근원에 완전히 흡수당하지 않으면서도 그 근원에 가까이 가는 길을 알고 있어야 한다.

로자크는 인간의 이 깊은 욕망을 이렇게 표현했다.

> 인간이 실존의 궁극적 토대가 있다는 확신을 가지고 참여하고 보고 만지고 호흡해야 하는 것은 결국 실체 자체이다. 실체는 모든 인간에게 해당하는 것이며, 자아를 개방하고 있는 인간의 삶을 고귀하게 한다. 시민 개개인의 존엄성과 자율성이 보장해 주는 것은 이 체험적 질서에 참여하는 것뿐이다. 목에다 방울을 달고 원시적인 부적을 가지고 다니거나 이국적인 축제를 벌이기 위해 공원이나 황무지로 모여드는 저 이상한 젊은

이들이 추구하는 것은 실제로 기술 문명을 초월하여 안전한 민주주의의 기반을 구축하는 것이다.

그러나 많은 젊은이들이 하고 있는 그것은 사실상 모든 인간의 욕망의 일부다. 생을 가능한 한 가장 온전하게 가장 깊이 사는 것이다. 교역자와 목회자는 그 길을 보여 주어야 할 사람이다. 교역자는 다른 사람보다 이 실체와 더 가까이 접촉하고 있다고 여겨진다. 물론 그것은 개인의 특권이라기보다는 남과 더불어 나눠 가져야 할 은사다.

로자크는 무당에 대하여 논하는 자리에서 모든 교역자와 목회자가 맡아야 하는 봉사를 작가에 비유하여 설명했다. 교역자는 자기가 헤아려 본 실재가 작품이라는 거울을 통해 감상자에 의해 증거될 수 있다는 희망을 가지고 사람들 앞에 작품을 내놓는 작가와 비슷하다는 것이다.

공동체는 예배 의식에 참여함으로써, 교역자가 그들에게 보여 준 실재를 만지고 느끼고 온전하게 체험할 수 있다. 이때 실재에 흡수되어 자아가 소멸하리라는 공포심을 없애 주는 것이 교역자의 중요한 역할이다.

로자크 말대로 "예전(ritual)은 교역자가 자기 비전을 널리 알리는 수단이며 가르침이다. 만일 그 과업이 성공적인 것이라면 그만큼 공동체의 실재에 대한 감각은 넓어지는 것이다."

목회자나 교역자는 하나님의 신비에 가까이 가는 일을 자기 본연의 책무로 생각하지 않고 특권으로 여기거나, 자기 소명을 특수한 신분으로 변질시키고, 교역 직무를 착취적 사업으로 전락시키려는 달콤한 유혹을 받는다.

그러나 그가 진정으로 사람에게 순종할 때, 그는 그들이 그가 본 것을 보고 싶어하고 그가 들은 것을 듣고 싶어하고 그가 만진 것을 만지고 싶어하고 결국 우주의 '보이지 않는 실재'와 그들을 갈라 놓는 장벽을 깨뜨리고 싶어하는 간절한 소망을 감지하게 된다. 그러자면 그는 인간으로 하여금 주저하지 않고 거룩한 하나님을 만나 뵙는 감격적인 해후를 주선하는 방법과 과정, 전례와 노래, 춤과 제스처를 계속 찾아 나가야 한다. 그럼으로써 교역자는 자기를 따르는 사람들로 하여금 모든 제약과 형식을 떠나 자유로이 삶을 경축할 수 있도록 도울 수 있을 것이다.

하나님에 대한 순종

그러나 목회자와 교역자는 이웃에게 나누어 줄 무슨 특별한 선물이 있는 것일까? 그가 자신의 근원에 다른 사람보다 더 가까이 접근하고 있으며, 인간을 구속하는 조건을 과연 잘 알고 느끼고 깊이 들여다보고 있는 것일까?

만일 그렇지 못하다는 결론이 나오면, 교역자가 과연 인간으로 하여금 삶을 경축하도록 이끌 수 있을까? 하나님의 신비 안으로 인간을 인도할 사명을 받고 구별된 자가 눈이 어둡고 길을 모르고 하나님 보좌에 접근하기를 두려워할 때, 그 본연의 임무를 수행할 수 없을 것이다.

안수(ordination)는 한 인간이 두려움의 장벽을 넘어 산 자들의 하나님과 가까이 살고 그분에게로 가는 길을 타인에게 보여 주고 싶은 불타는 의욕을 가졌다는 사실을 인정하고 받아들이는 것을 뜻한다. 안수는 어떤 사람을 특별한 무엇으로 만드는 예전이 아니라, 다만 그가 하나님께 순종하고 그분의 소리를 듣고 그분의 부르심을 이해하는 사람이며, 다른 사람도 자기와 같은 체험을 맛볼 수 있도록 그 길을 보여 줄 사람임을 엄숙하게 시인하는 행위다. 따라서 기도하는 교역자는 삶의 경축을 가능하게 한다. 오직 기도하는 사람만이 타인으로 하여금 삶을 경축하게 할 수 있다.

사람은 그와 접촉하는 가운데, 그가 스스로 정확히 표현할 수는 없지만 무엇인가 힘있고 심오한 근원에서 삶의 힘을 이끌어 내고 있음을 깨닫기 때문이다. 그에게 어떤 독립성을 부여하는 자유는 권위주의적인 것도 아니고 멀리 동떨어져 있는 것도 아니다. 이 자유는 그로 하여금 그의 주위 사람이 급하게 필요로 하는 것 이상의 것을 생각하게 해 준다. 그는 주변에 벌어지는 일에서 깊이 감동을 받지만, 그 일 때문에 짓눌려 부서지지 않는다. 그는 신중하게 이야기를 듣고 확실한 권위를 가지고 말을 하지만, 쉽게 흥분하거나 신경질을 부리지 않는다. 그는 자기 인생을 이끌어 가는 비전을 말과 행동으로 증명하고, 그 비전에 순응한다. 그 비전은 그에게 중요한 것과 중요하지 않은 것을 구별하게 해 준다. 그는 다른 사람이 흥분하는 일에 무감각하지는 않으나, 자기 비전의 안목으로 바라보고 다른 각도에서 그들의 필요를 평가한다. 사람이 자기 이야기를 기꺼이 들어 주면 기뻐하고 만족해하지만, 파당을 형성하려고 하지는 않는다. 그는 어떤 특정인에게 애착하지 않는다. 그의 말은 신뢰할 만하고 명백하지만 자기 의견을 남에게 강요하지 않으며, 사람들이 자기 생각을 받아들이지 않고 그의 뜻을 이루어 주지 않는다고 해서 당황하지 않는다.

　이 모든 것은 그의 비전이 그에게 가치가 있는 그 무엇이며 그가 그 비전을 실현시키기 위해 투쟁하고 있다는 것을 입

증하는 것이다.

그러나 그는 동시에 이러한 이상에 대해서도 내적인 자유를 가지고 있다. 그는 자기 목적이 실현되는 광경을 자기 눈으로 보지 못하리라는 것은 알고 있고, 자신을 단지 그곳으로 인도하는 길잡이로 생각한다. 그는 자기의 생에 대하여 지극히 자유롭다. 그의 행동으로 미루어 그는 자신의 존재를 이차적인 것으로 생각하는 것이 분명하다. 그는 자기 생명의 유지를 위해서 사는 것이 아니다. 자기가 이미 본 첫 표징이 너무나 매혹적이어서 그의 삶과 죽음 사이에 가로놓인 경계선마저 잊게 만든 그 새로운 세계를 건설하려고 산다. 이런 사람이 바로 자신의 삶을 경축하면서 다른 이에게도 그렇게 할 욕망을 심어 줄 수 있는 사람이다.

이제 우리는 자연과 인간과 하나님께 순종하는 것이 삶의 경축을 돕는 종이 되기를 원하는 사람의 세 가지 성품임을 알았다. 물론 스스로 나서서 삶을 경축하는 자로 자처할 수 있는 사람은 없다. 오직 그리스도만이 그렇게 주장하실 수 있다. 바로 그분이 십자가에 달려 죽기까지 하나님과 피조물에게 순종하셨기 때문이다. 예수님이 완전한 의미로 삶을 경축하는 분이 되신 것은 바로 십자가 위에서였다. 십자가 위에서 그의 완전한 순종으로 죽음이 정복되고 생명을 다시 얻었기 때문이다. 따라서 스스로 교역자를 자청하는 사람은 누구나 십자가 위에서 당신 생명을 내주시고 같은 아버지의 자녀로서 삶을 경축하라고 부름받은 모든 사람들을 위해서 목숨을 내놓으신 분의 그림자에 불과함을 인정해야 한다.

● ● ● ● ●

결론

5장의 요점은 하나님과 피조물에게 순종하는 것이 삶을 경축하는 인간이 되는 기본 조건이라는 것이다. 다른 사람이 현재를 긍정하고 과거를 기억하고 미래를 기대함으로써 그의 전 인생을 온전히 받아들이게 하려면, 교역자는 우선 스스로 자연과 인간과 하나님의 소리를 듣고 그가 들은 것을 다른 사람에게 전달할 수 있는 종이 되어야 한다.

우리는 경축을 통해서 하늘 나라에 들어간다. 예수님은 "너희가 돌이켜 어린아이들과 같이 되지 아니하면 결단코 천국에 들어가지 못하리라"(마 18:3) 말씀하셨다. 우리의 삶이 하나님 나라로 가는 길이 되는 방법은 어린이 같은 순종뿐이다. 대자연 속에서 하나님께 빵과 포도주를 봉헌해 본 적이 있는 교역자라면, 겸손이 인간을 자유롭게 해 줄 때 비로소 진정한 삶의 경축이 가능함을 체험했을 것이다.

우리는 역사의 극히 작은 일부에 불과하고 사는 생명도 단 하나 짧은 순간에 지나지 않지만, 수고의 결실을 손에 받쳐 들고 하나님이 우리에게 귀를 기울이시고 우리의 예물을 받아들이신다는 깊은 믿음을 가지고 그분께 봉헌하는 순간, 우리는 우리 삶이 본래 선물 받은 것이고 경축하라고 거저 주신 것임을 새삼 깨닫게 된다.

맺는 말 … 목회자의 영성

이 책에서 내가 하고자 하는 말을 가장 적절하게 표현해 주는 성경 말씀은 예수님이 죽으시기 전날 사도들에게 하셨던 말씀이다. "사람이 친구를 위하여 자기 목숨을 버리면 이보다 더 큰사랑이 없나니"(요 15:13).

내게 있어서 이 말씀은 기독교 사역의 모든 의미를 요약하는 말씀이다. 교육, 설교, 목회 상담, 사회 참여, 예전과 경축이 직업의 수준을 초월한 섬김의 행위가 되는 것은 교역자가 여기서 친구를 위하여 자기 생명을 바치라는 요구를 받기 때문이다. 오랜 훈련으로 인간의 행동을 이해하는 면에서 대단히 높은 경지에 이른 사람이 많다. 그러나 자기 목숨을 다른 사람을 위해서 기꺼이 내던지고 자신의 약점을 창의적이고 건설적인 동력으로 전환시킬 줄 아는 사람은 극히 적다. 사람은 대개 전문 기술이라 하면 하나의 능력이나 수완으로 여긴다. 그러나 친구의 발을 씻기려고 자기의 겉옷을 벗어야 하는 교역자는 힘없는 인간이며, 그가 훈련을 받는 것은 자기 약점을 두려움 없이 대하고 그 약점을 타인에게 유익하게 활용할 수 있기 위함이다. 사역에 힘을 주는 것은 이 건설적 약점이다.

교육은 선생이 지식 전달이라는 한계를 초월하여 자기 삶의 체험을 기꺼이 학생에게 내보임으로써 불안이 없어지고 해방을 주는 새로운 통찰력이 일어나고 진정한 학습이 이루어질 때, 비로소 사역이 된다.

설교는 설교자가 이야기를 말하는 단계를 초월해서 자신의 가장 깊은 곳에 있는 자아를 청중이 만나도록 허용함으로써 청중이 하나님의 말씀을 받을 수 있을 때, 비로소 사역이 된다. 목회 상담은 남을 도우려는 사람이 생명의 위험을 감수하고 주고받기 식의 계산을 초월하여 자기 이름과 명예를 더럽히더라도 고통받는 형제에게 끝까지 충실할 때, 비로소 사역이 된다. 사회 참여는 사회 운동가가 구체적 결과를 보고 싶은 욕망을 넘어 만물이 새롭게 될 것이라는 흔들림 없는 소망을 가지고 세상을 바라볼 때, 비로소 사역이 된다. 삶의 경축은 집례자가 형식적 예전의 한계를 초월하여 겸손하게 삶을 선물로 받아들일 때, 비로소 사역이 된다.

비록 이러한 섬김의 과제 중 어느 하나도 세밀한 준비와 검증된 능력 없이 수행될 수 없다고 하더라도, 이 능력이 다른 사람을 섬기기 위해 자기 목숨을 내놓는 철저한 헌신에 근거를 두고 있지 않을 때 그 어느 것도 사역이라고 부를 수 없다. 사역은 교역자가 고통과 기쁨, 절망과 희망의 순간에 상관 없이 하나님을 찾는 자신의 노력을 하나님을 찾고 싶으나 아직 그 방법을 모르는 사람을 위해 내주는 것을 의미한다. 그러므로 어느 관점으로 보아도 사역은 특권이 될 수 없다. 아니 사역은 그리스도인의 삶의 핵심이다. 어느 그리스도인도 섬기는 사역자가 아닌 한, 그리스도인이 아니다.

이 책은 보통 안수 받은 교역자와 목회자의 일상의 삶을 채우고 있는 다섯 가지 사역에 대해 논의했다. 그러나 이 다섯 가지 사역 외에도 여러 가지 다른 형태의 사역이 많다. 그러나 기독교적 교역이 어떤 형태를 취하든 근본은 항상 동일하다. 즉 친구를 위해 자기 생명을 바치는 것이다.

그런데 인간은 왜 친구를 위해서 자기 목숨을 버리는가? 해

답은 단 하나밖에 없다. 친구에게 새 생명을 주기 위함이다. 모든 교역의 기능은 생명을 주는 것이다. 우리가 가르치고 설교하고 상담하고 계획을 세우고 예전을 집례하고 그 무엇을 하든지, 그 목적은 새 시각을 열어 주고, 새로운 통찰력을 제공하고, 새 힘을 주고, 죽음과 파괴의 사슬을 끊고, 새 생명을 경축하는 것이다. 한 마디로 그의 약점을 창조적으로 만드는 것이다.

그러므로 교역자가 되고 싶은 사람은 그리스도의 능력이 자기 위에 머물도록 자신의 약점을 자랑할 수 있어야 한다. 왜냐하면 약할 때 강하기 때문이다(고후 12:9-10).

비록 어느 누구도 교역의 섬김 없이 살 수 없으나, 세상의 파괴적 잠재력에 노출되고 일생 동안 극도로 잔학하고 냉혹한 살육을 목격한 많은 사람들이 볼 때 꼭 기독교는 섬김을 제공하지 못한 것으로 보일 수 있다. 사람들은 그리스도와 사도들의 생애에 대한 이야기를 들으면 그것이 이 원자력 시대와 무슨 상관이 있느냐고 반문한다. 인류의 역사는 그리스도의 죽음을 통한 구원이 점진적으로 드러나는 무대이고 그들의 삶은 인류의 위대한 역사에서 의미 있는 역할을 담당하고 있다고 들을 때, 그들은 자기 주변에서 똑똑히 보는 전쟁과 기아와 잔학함과 환경의 무분별한 파괴를 머리에 떠올린다.

이생의 삶은 최종적인 것이 아니고 이 다음 세상에서 계속 될 것이라는 말로 위로해 주면, 그들은 계속될 만한 것이 지금 여기에 있는지 질문하고, 인간뿐만 아니라 인간의 역사를 죽이는 세상에서 '내일', '내주', '내년', '다음'이라는 말이 의미를 잃고 있는 모호한 미래에서 새 생명에 대해 말하는 것이 말이 되는지 질문한다.

기독교 교역의 위기는 현대인이 너무 두렵고 모순적인 경험과 사상에 노출된 상태로 그의 과거에서 의미 있는 뿌리를 찾지 못하고 미래를 기대할 수 없다는 사실과 관련이 있다. 로버트 립튼(Robert J. Lifton)은 '범세계적 역사적 단층 현상'을 말하면서, 그것을 "인간이 생명력 있고 영양이 풍성한 인간의 문화적 전통의 상징 예를 들어, 가정, 사상 체계, 종교, 일반적 삶의 주기를 중심으로 하는 상징에 대해 오랫동안 느껴 왔던 연결 의식의 파괴"라고 설명하였다.

그러나 개인과 가정뿐만 아니라 모든 문화와 역사와 국가를 파괴하고 그들의 재생산의 기회마저 파괴하는 원자 시대가 기독교 교역에 대한 신뢰를 상실하게 만들었다면, 문제는 우리가 친구를 위해 목숨을 버리는 것의 진정한 의미를 바르게 이해하고 있는가 하는 것이다.

이런 교역의 소명을 온전히 파악하려면 우리는 교회를 제도적 기구 이상의 것으로 보아야 한다. 사실 교회에 나갈 의사가 전혀 없고 기독교 교역에 흥미를 느끼지 못하는 무수한 젊은이들이 정신 수양, 명상, 관상 같은 용어에 대단한 흥미를 보이기 시작하고 있다. 그들은 혼란과 초조를 깨뜨리고 자신의 한정된 의식을 초월할 수 있는 그 무엇을 자신의 체험 안에서 발견하려고 많은 노력을 한다. 그들은 대인 관계를 맺는 새로운 방법, 비폭력적 친교를 갖는 방법, 일치와 단결을 체험하려는 새로운 접근, 서로를 배려하는 새로운 수단, 그들의 삶을 경축하는 새로운 시도를 시험하고 있는 중이다. 그들은 기독교 전통뿐만 아니라 불교나 힌두교에서도 상징을 도입하고 있다. 또한 꽃, 향로, 환각제와 같은 자연적 또는 인공적 자극으로 감수성을 넓히려고 노력한다. 그들은 공동체를 형성하고 소유를 공유하고 독서하고 노래하면서 자유의 새로운 의미를 찾는 눈으로 미래를 응시한다.

교회는 해가 거듭할수록 텅텅 비어 가고 있는 반면, 기독교 바깥의 세상에서는 교역의 새로운 형태가 모색되고 있다. 현대 도시의 지하 세계에서는 교육, 설교, 목회 상담, 사회 참여, 예전과 경축 등의 새로운 형태가 나타나고 있다. 우리는 혼돈된 현실 세계 한가운데서 인류 전체의 파멸이라는 상존하는 위협을 절감하고 있으며, 그래서 새로운 의미를 추구하는 영성을 간절히 필요로 하고 있다. 립튼은 이 새로운 영성을 "경험적 초월의 길, 신비가들이 시간과 죽음이 소멸할 만큼 강력한 정신적 체험을 통해 도달하던, 불멸성의 의미를 찾는 길"이라고 표현하였다.

비틀거리는 문명의 잔재 한가운데서 새로운 삶을 추구하는 세대가 거듭날 수 있는 자원으로서 기독교의 풍부한 신비 전통을 제공할 수 있는 교역자가 아주 적다는 것은 애석한 일이다. 아마 우리는 자기 의식, 거부에 대한 두려움, 교회 사이의 다툼 등으로 인하여 인간의 마음과 세계를 새롭게 해 주는 초월적인 하나님의 영을 환영할 만큼 자유롭지 못한지도 모른다. 우리는 아직까지 보이지 않는 세력과 위험한 실험을 시도하고 있는 수많은 사람들에게 영적 지도를 제공할 준비가 되어 있지 않은지도 모른다. 아마도 우리는 스스로 영적 세력과의 접촉을 상실하고 있고, 카타콤의 이야기를 그저 기괴하고 위험하고 미숙한 것으로 여기고 있는지도 모르겠다.

그러나 나는 새로운 많은 실수와 실패와 이해할 수 없는 실험이 우리로 하여금 이러한 모든 현상 아래 새로운 통찰과 새로운 이해와 무엇보다도 새 생명을 추구하는 깊은 욕망이 있다는 사실을 보지 못하게 한다고 생각한다.

내가 내 직감과 비록 한계가 있지만 젊은 학생들과의 체험을 믿을 수 있다면, 우리가 존재하는 바로 지금 하나님을 체험하는 영성을 추구하는 시대가 가까이 오고 있는 것 같다. 과거에서 얻을 만한 것이 거의 없고 미래에 기대할 만한 것이 전혀 없을 때, 한 인간의 삶에 의미를 줄 수 있는 실재는 지금 이곳에서 체험되어야만 하는 것이다.

스무 살 난 가톨릭 신자 한 청년이 나에게 이런 이야기를 한 적이 있다. 그는 교회가 완전히 불필요한 것이라고 생각하면서도 자신의 생의 의미를 필사적으로 알기 위해 노력하던 학생이었다. "우리는 환각제를 써 보았으나 소용 없었고 섹스에 심취해 보았으나 허사였으니, 이제 남은 일은 자살밖에 없습니다. 앞으로 자살자가 부쩍 늘어날 것입니다." 이러한 상황을 해결할 수 있는 유일한 길은 인간이 과격한 이데올로기와 비틀거리는 정치적·사회적·종교적 체계와 끊임없는 전쟁과 완전 파멸의 위협에 둘러싸여 있을 때도 굳건히 버틸 만한 영적 생명의 초자연적인 힘을 다시 발견하는 것뿐이다. 현대인은 나사렛 사람 예수를 또 다른 세계에 살아 계시는 분으로 친밀하게 느끼기 힘들고, 그분이 다시 오실 날을 기다리는 것은 더 어려운 일이다. 하지만 우리 존재의 한계를 깨뜨리고 새로운 세상을 위해 자유로이 일할 수 있게 해 주는 살아 계신 영으로서 그리스도의 영을 체험하는 것은 가능한 일이다.

그러나 이 초월적 체험의 길은 곧 교역을 필요로 하는 길이다. 이 길은 신중한 준비, 확고한 영성, 적절한 훈련을 마다하지 않는 사람들을 요구할 뿐만 아니라, 성령이 우리로 하여금 전문적 직업의 수준을 초월하게 해 주시리라는 확신을 가지고 자유롭게 직업의 한계를 극복해 나갈 사람을 필요로 한다. 이 길은 다른 사람의 삶뿐만 아니라 자기의 삶에서 하나님의 현존을 느끼는 민감성을 개발하고 자신의 경험을 동료 인간의 깨달음과 해방의 수단으로 제공하려고 하는 그리스도인을 요구한다.

이 길은 친구를 위해 목숨을 내놓고, 건설적 영들과 파괴적 영들을 분별하도록 돕고, 광란의 세상 가운데서도 하나님의 생명을 주시는 영을 발견하도록 해방시키는 진정한 의미의 교역자를 필요로 한다.

그것은 곧 창조적인 약함을 요구한다.

에필로그

나는 이 책을 다시 읽어 보면서, 이것이 어디까지나 나 개인의 이야기라는 사실을 깨닫게 되었다. 사실 이 글은 기복이 심한 내 체험을 토대로 교역에 대하여 생각하고 느낀 것을 적은 것이다. 나는 나의 경험에 대한 조심스런 성찰이 내 스스로 제기한 여러 질문에 빛을 던져 주고 내가 나아가려는 방향에 대해 약간의 통찰을 제공할 수 있기를 소망한다.

나는 또한 나의 '고백'이 다른 사람이 기독교 교역의 가치와 의미를 논의해 나가는 데 도움이 되었으면 한다. 따라서 나는 이 책을 토론의 결론으로서가 아니고 오히려 출발점으로 제안하고자 한다. 사실상 이러한 토론은 이미 이 책의 일부가 되어 있다. 목회자와 교역자, 수녀와 사회 사업가, 부모와 학생에게 각각 다른 내용으로 글을 쓰는 동안, 많은 사람이 나와 다른 경험을 했다는 것과 그들이 내가 설명한 개념을 이해하기 어려워한다는 사실을 잘 알게 되었다. 질문과 비판을 많이 받았을 때, 나는 본문 전체를 다시 쓰고 싶었다. 그러나 나는 이 일이 불가능함을 깨닫게 되었다. 왜냐하면 내가 내 과거를 뜯어고치는 일이 불가능하고 완전히 개인적인 체험이라도 그 허점을 그대로 받아들이지 않을 수 없기 때문이었다.

친구 돈 맥닐(Don McNeil)은 책의 말미에 지금까지 제기된 질문과 비판을 그대로 싣는 것이 본문에 검증되지 않은 대답을 첨가하는 것보다 훨씬 더 실제적이며 나의 신념과도 일치할 것이라고 조언해 주었다.

사실 매 단원마다 대답할 수 없는 문제들이 많았다. 그 중의 일부를 여기에 싣고자한다.

교육에 대하여

당신이 학생과 선생의 관계에 대하여 말한 것은 대학의 상황에서 타당할지 모르겠으나, 초등 학교, 중·고등 학교의 경우는 어떻게 되는가? 잠시 동안도 다소곳이 앉아 있지 못하는 어린 아이에게 수학을 가르치는 선생의 경우를 생각하면, 당신의 생각은 너무 낭만적인 것이 아닌가?

설교에 대하여

당신이 제안한 방법으로 다른 사람에게 도움을 주자면 훈련받은 심리학자가 되어야 하지 않는가? 그렇다면 매 주일 강단에 서지 않으면 안 되는 평범한 목회자는 어떻게 해야 하는가? 당신은 좀 지나친 요구를 하고 있지 않은가? 그리고 환영을 받든 받지 못하든 하나님의 말씀을 직접 선포하는 것이 사람의 감정을 규명하는 일보다 더 중요한 일이 아니겠는가?

목회 상담에 대하여

나는 한 감방에 20명씩 수용하는 교도소에서 일하고 있는 목사다. 내가 감방에 들어서면 죄수들은 다투어 가며 나와 이야기할 기회를 얻으려 하고, 기회를 얻으면 아주 구체적인 도움을 요청한다. 자식이 어디서 사는지 알아 달라, 아내에게 좀 찾아가 줄 수 없느냐, 재판 일자가 언제냐, 의약품을 좀 구해 달라는 식이다. 이런 사람들을 위해서 목회자가 되는 것은 무엇을 의미하는가? 나는 네 가지 서로 다른 직업을 동시에 해내기 위해 전문성을 뛰어넘어야 할 필요는 없는 것 같다.

사회 참여에 대하여

당신이 빈민가에서 일하는 목회자라면 그런 말은 하지 않았을 것이다. 당신은 요점을 완전히 놓치고 있다. 당신은 오직 사회 문제 전반을 안이하게 거론하고 있을 뿐이다. 당신은 비상적 위기 상황에서 비현실적 초연함을 제안하고 있다.

경축에 대하여

대자연 속에 묻혀 살아 본 적이 없거나 결코 그럴 가망이 없는 어린이들은 어떻게 하는가? 날로 팽창해 가는 대도시에 사는 수백만의 사람들은 어떻게 되는가? 그들은 무슨 방법으로 삶을 경축할 것인가?

나는 이 같은 질문에 대한 답을 알지 못하고 있다. 이들은 나의 견해의 한계를 여실히 보여 주고 있다. 다만 이 질문들이 서로 자기의 경험을 나누는 것이 사역 혹은 교역의 영성을 꾸준히 추구하기 위한 조건으로서 얼마나 유용하고 가치가 있는지 깨닫는 데 기본적 조건이 되기를 바랄 뿐이다.